新时代
营销
新理念

# 新媒体文案
# 炼成记

## 抖音、快手、视频号、
## B站、西瓜视频软文实战

文能载商 / 编著

清华大学出版社
北 京

## 内 容 简 介

本书从技巧篇和平台篇两方面，对新媒体视频文案的策划与写作进行深度解读，从而帮助广大新媒体运营者从零开始快速精通新媒体文案！

技巧篇，笔者从文案定位、标题策划、封面设计、内容策划和脚本策划等5个方面，对新媒体文案的基础知识和核心方法进行了全面的剖析。

平台篇，对抖音、快手、视频号、B站和西瓜视频5个视频平台，从视频文案的策划和写作角度进行了深度解读。

本书不仅适合抖音、快手、视频号、B站和西瓜视频等新媒体平台的运营新手，掌握新媒体文案的制作方法，快速开启新媒体文案制作之路；更适合拥有一定运营经验的新媒体运营者，提高新媒体文案的质量，快速增强新媒体的引流和吸粉能力，为变现创造更好的条件。

**本书封面贴有清华大学出版社防伪标签，无标签者不得销售。**

**版权所有，侵权必究。举报：010-62782989，beiqinquan@tup.tsinghua.edu.cn。**

**图书在版编目(CIP)数据**

10W+新媒体文案炼成记：抖音、快手、视频号、B站、西瓜视频软文实战 / 文能载商编著. —北京：清华大学出版社，2022.11

（新时代·营销新理念）

ISBN 978-7-302-60017-6

Ⅰ.①1… Ⅱ.①文… Ⅲ.①传播媒介—文书—写作 Ⅳ.①G206.2

中国版本图书馆CIP数据核字(2022)第020308号

责任编辑：刘 洋
封面设计：徐 超
版式设计：方加青
责任校对：宋玉莲
责任印制：丛怀宇

出版发行：清华大学出版社
  网  址：http://www.tup.com.cn，http://www.wqbook.com
  地  址：北京清华大学学研大厦A座    邮  编：100084
  社 总 机：010-83470000      邮  购：010-62786544
  投稿与读者服务：010-62776969，c-service@tup.tsinghua.edu.cn
  质 量 反 馈：010-62772015，zhiliang@tup.tsinghua.edu.cn
印 装 者：三河市铭诚印务有限公司
经  销：全国新华书店
开  本：170mm×240mm  印  张：16.75  字  数：273千字
版  次：2022 年 11 月第 1 版  印  次：2022 年 11 月第 1 次印刷
定  价：88.00元

产品编号：093247-01

# 前言 ▶ Preface

## 写作驱动

截至 2020 年 6 月，我国网络视听用户规模达 9.01 亿，短视频的用户规模 8.18 亿。一半多的中国人都是短视频用户。

新媒体文案的重点，也开始由之前的图文平台，偏向短视频、中短视频以及长视频平台，这是市场的变化，也是需求的转移，而市场上目前少有专门讲解视频文案创作的书。

本书应运而生，作为专门针对 5 大最火的视频平台——抖音、快手、视频号、B 站、西瓜视频文案的写作，与之前的书相比，更注重差异化和优质化，也更接近市场的热点与痛点。

## 本书内容

本书主要分为 10 个章节，具体内容如下所述。

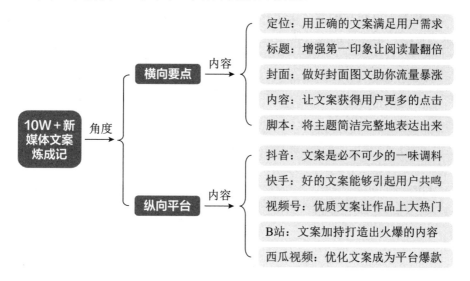

## 本书特色

（1）技法全面

本书对软文的写作技法进行了详细阐述，如账号定位、标题设计、封面设计、文案内容、脚本策划，以及 5 个热门平台文案写作方法等内容。技巧全面，帮助读者快速掌握软文写作的核心技法与专业知识；另外本书也对营销技巧有很深层次的讲解，指导读者如何在打造爆款软文的同时，更有效地创造利益价值！

（2）单点极致

本书采取 5W2H（What，Why，Who，When，Where，How，How Much）的写作方式，对每一种常用软文进行了详细介绍，是什么、为什么、怎么做，将软文的写作技法与成功案例讲深、讲透，每一种软文写法都做到了单点极致，帮助读者快速进入角色，获取最精华的软文内容，从小白快速成为软文高手！

（3）平台丰富

本书详细介绍了 5 个新媒体平台中的文案写作技巧，如抖音文案、快手文案、视频号文案、B 站文案和西瓜视频文案等，对平台文案进行了全面剖析，让读者轻松玩转视频文案撰写的方法和营销技巧！

## 作者售后

本书由文能载商编著，由于作者知识水平有限，书中难免有错误和疏漏之处，恳请广大读者批评、指正！

# 目录 ▶ Contents

第1章
## 定位：用正确的文案满足用户需求

## 第2章
# 标题：增强第一印象让阅读量翻倍

## 第3章
# 封面：做好封面图文助你流量暴涨

# 第4章
# 内容：让文案获得用户更多的点击

## 第5章
# 脚本：将主题简洁完整地表达出来

### 第6章
## 抖音：文案是必不可少的一味调料

第7章
## 快手：好的文案能够引起用户共鸣

## 第8章

## 视频号：优质文案让作品上大热门

## 第9章

## B站：文案加持打造出火爆的内容

第10章
# 西瓜视频：优化文案成为平台爆款

# |第1章|

# 定位：用正确的文案满足用户需求

　　文案定位的基础就是市场定位，只有把握好市场定位，才能确定文案的写作方向，才能更精确地把创作的内容传达给用户。本章主要讲述什么是文案、怎样进行文案定位以及文案定位需要用到的多种调查方法等，最后还讲解了多种文案营销的方法，希望大家熟练掌握本章内容。

# 1.1 了解文案：5 个重要创作基础知识

随着社会的不断发展，文案的应用越来越广泛，从事文案创作的人员也在不断增多。那么文案创作者需要了解哪些内容呢？这一节，笔者就来为大家介绍文案的一些基础知识。

## 1.1.1 基本概念，初步了解文案

文案，最初的意思就是指用于放书的桌子，后来泛指在桌子上写字的人。现在所说的文案就是用文字、图片以及视频等内容来表现创意，也指在公司里从事文字工作相关职位的人。在实际的写作应用中，文案在内容上是"广告文案"的简称，由英文 copy writer 翻译而来。文案有广义和狭义的区别，如图 1-1 所示。

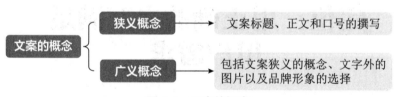

图 1-1　文案的概念

互联网的不断发展使网络平台推广变得越来越普遍，因此越来越多的人开始使用短视频平台进行文案营销。

## 1.1.2 文案内容，基本构成要素

在短视频文案的编写中，一般都会包含文字和视频画面，二者的形式虽然不同，但还是服务于同一个主题的。因此，在撰写短视频文案内容时，必须让文字和视频画面紧密结合起来。下面对短视频文案进行相关分析，如图 1-2 所示。

图 1-2  短视频文案的相关分析

对于任何行业而言，要想打败竞争对手，获得目标用户的认同，就不能没有品牌宣传和推广，而短视频文案的内容就是宣传推广中最为直接有效的部分，其具体分析如图 1-3 所示。

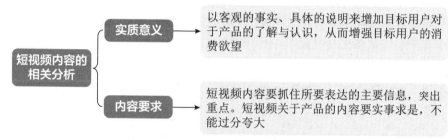

图 1-3  视频内容的相关分析

## 1.1.3  文案种类，营销的 3 大类

从文案营销作用的角度来分类，常见的短视频文案种类包括以下 3 大类。

### 1. 推广类文案

短视频文案在推广优化上的威力是不同凡响的，一个优质的文案，不仅能起到不错的宣传推广作用，而且能通过一传十、十传百的传播，为运营者带来较为可观的客流量。

### 2. 公关类文案

公关类文案就是有助于企业或机构处理好内外公关关系，以及向公众传达企业各类信息的文案。公关类文案可以分为公关文案与新闻文案。公关文案就是通过培养良好公众关系来帮助企业或机构组织塑造良好的形象。

有的企业就是通过公关类文案来处理公众关系，一旦企业发生口碑危机，就在第一时间通过公关类文案来进行公关，维护企业的良好形象，避免对企业或品牌口碑造成负面影响。

### 3. 品牌力文案

品牌力文案指有助于品牌建设、累积品牌资产的文案。品牌力文案一般由企业主导，可以自己撰写也可以找人代写，撰写的角度须有利于提升品牌知名度、美誉度和忠诚度。

在笔者看来，品牌力离不开故事推广，甚至故事推广决定了品牌力。一个广告的好坏取决于文案的内容，一个品牌的传播离不开它的品牌价值，而讲故事又是传达品牌价值的一种重要方式。因此，在短视频文案创作的过程中，创作者要通过故事去传播品牌，传承品牌价值，从而创造传奇品牌。

## 1.1.4　文案价值，竞争中的利器

在现代商业竞争中，精彩的文案往往能够让一个企业在众多的同类型公司中脱颖而出。文案是竞争的利器，更是企业的核心和灵魂所在。

对于企业而言，一个优质的文案可以促进品牌推广，提高人气和影响力，进而提升企业声誉，帮助企业获得更多的客户。文案的作用是十分广泛的，尤其是在广告业蓬勃发展的商业社会中。

文案在网络营销推广中之所以起着举足轻重的作用，主要是因为一个好的文案能为运营者带来大量的流量，如果将流量加以转化，就可变成较大的商业价值。在众多的网络推广方式中，文案以可看性强、流通性广以及效果持久等特点广受追捧。至于文案具体有什么样的作用，主要包括以下3点。

### 1. 提高关注度

同一时间段发布大量文案，可以很快地使推广的产品或内容获得广泛的关注。这一点对于品牌新产品的宣传推广来说特别重要，正是因为如此，许多企业在新产品推出之后，都会通过对应的文案来进行宣传推广。

### 2. 增强信任感

通过短视频平台进行营销，最主要的一个问题就是用户对于运营者的信

誉会有所怀疑。因此，运营者在文案的创作过程中，可以宣传自己公司的形象、专业的领域，尤其是运用敏锐的洞察力，去解决用户的实际问题，增强用户对运营者的信任感。

并且，如果文案的内容和用户切身相关，能为用户提供实际有建设性的帮助和建议，那么文案就能更好地说服用户，让用户对运营者多一份信任感。

### 3. 传播价值观

短视频文案不同于广告，这主要是因为文案在很大程度上带有个人的分析，而不只是将内容广而告之，这个就属于自己的价值观的一种表达。在短视频文案中不仅可以表达自己的观点，而且可以宣传产品，引导用户进行消费。如果短视频中的内容获得了用户的认同，还可以与其展开讨论。

## 1.1.5 文案创作，具备基本素质

对于品牌推广而言，对内对外的宣传都是极为重要的。专业的文案创作者对于品牌推广的作用和影响力是十分明显的。文案创作者主要分为3类，分别是公司的雇员、自由撰稿人士和内容创业者。

不管是哪一类文案创作者，都需要具备相关的基本素质。除了必备的工作素养之外，文案创作者还应该有很强的沟通和协调能力。

短视频文案涉及的领域有很多，不同文案人员的能力不尽相同。通常来说，在职位招聘中，对文案人员的能力要求主要集中于4个方面，相关分析如图1-4所示。

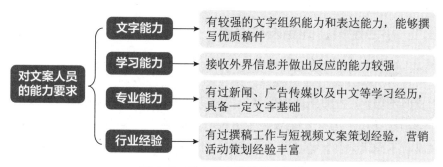

图1-4　对文案人员的能力要求

短视频文案创作的工作内容并不是独立存在的，在文案创作中，摄影师

和文案编辑人员以及运营人员是需要充分沟通、相互配合的。为了让文案得到落实，三者在沟通时就要注意 4 个方面的内容，如图 1-5 所示。

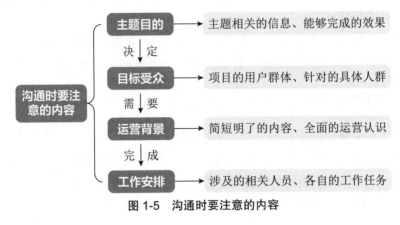

图 1-5　沟通时要注意的内容

# 1.2　做好定位，3 个方向确定文案内容

在短视频平台进行文案创作时，运营者需要通过精确的定位，来确定文案的目标受众群体。从具体角度来看，短视频文案创作主要从以下 3 个方面进行定位：

（1）平台定位：找准基调协调发展。

（2）用户定位：掌握用户人群的需求。

（3）内容定位：初步＋运营＋传播。

## 1.2.1　平台定位，确定发展基调

运营者首先应该确定自己想要运营的是一个什么类型的平台，以此来确定平台的基调。平台的基调主要分为以下 5 种类型：学术型、搞笑型、创意型、媒体型和服务型。运营者在做平台定位时，必须要根据自身条件的差异性去选择具有不同优势和特点的平台类型，具体分析如图 1-6 所示。

需要注意的是，做好平台定位是极为重要的，运营者们必须慎重对待，因为只有找准了平台的定位，确定了发展的基调，下一步才能更好地进行运

定位：用正确的文案满足用户需求 👤

营，最后才能达到预期的效果。

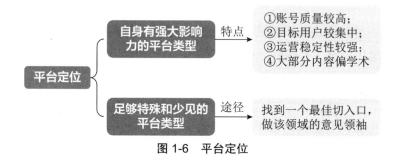

图 1-6　平台定位

## 1.2.2　用户定位，明确目标人群

在短视频平台的运营过程中，明确目标用户是其中最为重要的一环。而在进行平台用户的定位之前，首先应该做的是了解平台具体针对的是哪些人群，他们具有什么特性。关于用户的特性，一般可细分为两类，如图1-7所示。

图 1-7　平台用户特性分类分析

了解用户的基础特性后，接下来就要做好用户定位。用户定位的整个过程，一般包括3个步骤，具体内容如下。

- 数据收集。可以通过市场调研等多种方法来收集和整理平台用户数据，再把这些数据与用户属性关联起来，绘制成相关图谱，更好地了解用户的基本属性特征。

- 用户标签。获取了用户的基本数据和属性特征后，就可以对其属性和行为进行简单分类，并进一步对用户进行标注，只有了解用户的可能购买欲和可能活跃度等，才能够在接下来的过程中对号入座。

- 用户画像。利用上述内容中的用户属性标注，从中抽取典型特征，完成用户的虚拟画像，构成平台用户的各类用户角色，以便进行用户细分。

### 1.2.3　内容定位，构建整体框架

什么叫做内容定位？其实就是运营者为用户提供的准确内容。在平台运营中，内容的定位主要做好以下 3 个方面的工作。

#### 1. 找准发展方向

找准内容的发展方向是平台内容供应链初始时期的工作。该阶段运营者需要构建好内容的整体框架，具体分析如图 1-8 所示。

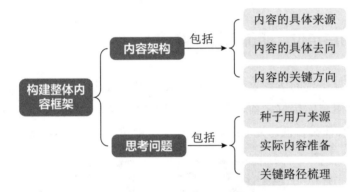

图 1-8　构建整体内容框架的具体分析

#### 2. 通晓展示和整合方式

在内容定位中，还应该通晓运营阶段的内容展示方式。在打造优质内容的前提下，还要展示好平台内容，并逐步建立起品牌效应，这两点是扩大平台影响力的重要条件。关于平台内容的展示方式，笔者一共为大家总结了以下 4 种。

（1）推出话题动态，推荐最新最热最近发生的话题动态。

（2）成员动态展示，根据用户提供的信息进行具体展示。

（3）模块推送内容，构建专门的模块推送优质内容。

（4）媒体转发内容，转发至微信、微博及今日头条等新媒体。

内容展示完成后，接下来更为重要的就是要通晓具体内容的整合。内容整合的核心就是收集同类优质内容，那我们如何去收集比较优质的内容呢？笔者这里介绍 3 种整合方式，具体如下。

（1）话题问答整合。就是整合出现的话题，并进行有效的挑选。这种方式实际上过滤了很多重复的话题内容，同时也避免了话题的重复和混乱，提高了话题内容的优质性。

（2）刊物方式整合。就是结合很多刊物的具体内容，挑选出最有价值的，然后进行整合，这种方式大大增加了内容的真实性和有效性。

（3）用户内容整合。就是整合用户的信息，结合用户的心理需求，打造出较为优质的内容。

### 3. 确定互动方式

除了应做好初始阶段和运营阶段的内容定位，运营者还应该确定宣传阶段的内容定位，即怎样进行平台内容互动。

企业与用户进行交流互动，更有利于新媒体平台内容的传播，用户的接受能力也更强，用户对于平台的信任度和支持度也将得到提升。在确定内容的互动方式的过程中，需要把握以下几个关键点，如图 1-9 所示。

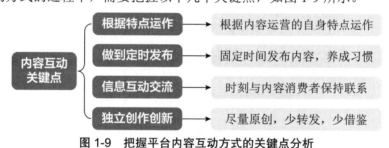

**图 1-9　把握平台内容互动方式的关键点分析**

## 1.3 市场调研，6 个调查方法寻找突破

市场调研对短视频文案创作来说是很重要的一环，运营者可以通过走进市场的方式，找到短视频文案的突破口。市场调研是保证文案编辑方向正确和内容精准的前提，因为只有做好了市场调研，才能预判你推送的文案是否能满足用户的口味，并最终达到预期的目的。

### 1.3.1 市场调研，运营的必要工作

市场调研的必要性，是有其客观因素的，因为市场总是处于瞬息万变的状态之中。具体有以下两个方面的要素，如图1-10所示。

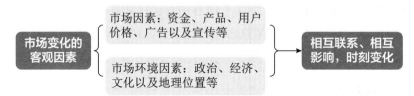

图 1-10 市场变化的客观因素分析

正是因为市场的两大客观因素，所以关于市场变化情况的调研是在活动中必须要做的。在智能手机普遍使用的社会环境下，与企业产品或品牌有着紧密联系的短视频平台，也必须适应市场的变化，并进行积极且广泛的市场调研，因为只有这样才能获取最佳的营销推广效果。

简而言之，所谓市场调研，就是为了达到营销目的对营销信息进行分析、甄别的一种工作。关于市场调研的含义，具体分析如图1-11所示。

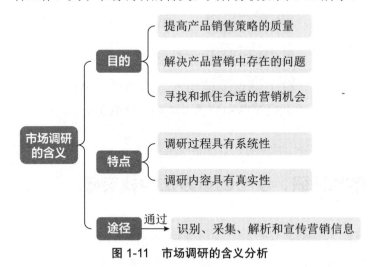

图 1-11 市场调研的含义分析

### 1.3.2 调研作用，广义和狭义分析

市场调研作为市场预测和经营决策过程中的重要组成部分，始终扮演着

重要角色，它是运营者进行营销策划和运作过程的基础条件，对企业产品和品牌的推广有着至关重要的作用。市场调研所具有的重要作用可从广义和狭义两个方面进行分析，具体如图 1-12 所示。

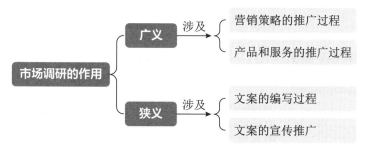

**图 1-12　市场调研的作用分析**

由图 1-12 可知，从广义上来说，把市场调研所得出的结果作为参考标准，让它贯穿着整个营销策略乃至产品和服务的推广过程；从狭义上来讲，市场调研在文案营销中的作用就直接体现在文案的编写和宣传过程中。

而从狭义的角度来看，它又主要表现在 3 个方面，具体如下。

### 1. 参考依据

市场调研的参考依据主要是基于文案策划过程。市场调研作为文案营销过程的初始阶段，能够为接下来的文案策划提供科学的依据和富有价值的参考信息，具体分析如图 1-13 所示。

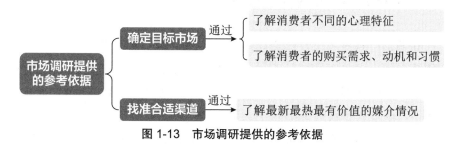

**图 1-13　市场调研提供的参考依据**

### 2. 评估标准

市场调研的评估标准主要是基于文案的效果测定。文案营销效果的实现是撰写和推广文案的最终目的，也是企业、商家和平台运营者最关切的问题。

从文案效果方面来说，主要表现在两个阶段，即文案发布之前的效果预测阶段和发布结束后的效果检验阶段，这两个阶段的市场调研结果是评估其效果的标准，具体分析如图1-14所示。

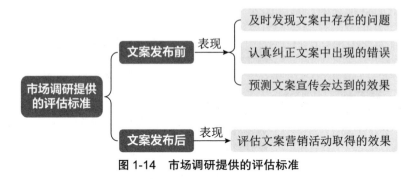

图 1-14　市场调研提供的评估标准

### 3. 素材库

市场调研的素材库主要是基于文案的创作过程。文案创作的完成最大的基奠就是要有大量的素材，只有不断提供丰富的生活素材，文案创作者才能更快地找到灵感，进而创作出更加创新与独特的文案作品，然而生活素材必须要深入社会实践。

市场调研的广泛性、系统性和客观性是获得数据信息最好的素材来源，这为视频运营者的创意提供了重要支撑。

## 1.3.3　问卷调查，普遍实用的方法

问卷调查，顾名思义，就是调查人员把要调查的内容做成问卷来进行的一种调查方法，这是一种比较实用且普遍的调查方法。通过问卷调查，运营者可以全面收集调查对象的信息、了解市场情况，而且还具有3个方面的优势，即范围广、成本低和较真实。

虽然问卷调查具有多方面的优势，但在具体实施过程中，必须要注意以下几个方面的问题。

（1）围绕目标进行调研，具有目的性。

（2）在语言表达上要求清楚、规范。

（3）在提问设计上不能存在暗示性的话语。

（4）在问题顺序上一定要安排合理。

定位：用正确的文案满足用户需求 👤

其中，在问题顺序力求安排合理上，其实就是要求调查的问题必须要由浅入深，具体表现如下。

- 从一般性到特殊性。
- 从接触性、过渡性到实质性。
- 从简单到复杂或是有难度。

### 1.3.4　典型调查，具有鲜明的特征

什么又叫做典型调查呢？即一种以典型对象为调查目标，然后在得出的结果上推算出一般结果的调查方法。

这种调查方法在对象选择上具有鲜明特征，它是基于一定目的和标准来特意选择的，因而在调查结果上能够突出显示其调查的作用，如图1-15所示。

**图 1-15　典型调查方法的突出特点和作用**

典型调查方法有一个特别需要注意的问题，那就是需要重点把握好调查对象的典型程度——典型程度把握得越好，调查结果也就更贴近现实，其所产生的误差随之也会越小。当然，这种具有突出特点和作用的调查方法有着极大的优势，具体内容如图1-16所示。

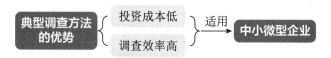

**图 1-16　典型调查方法的优势分析**

### 1.3.5　抽样调查，随机与非随机性

前面已经讲解了几种调查方式，下面就来介绍抽样调查。抽样调查其实

就是在整个样本中抽取一部分样本进行调查，然后通过推算得出结果的调查方法。这一市场调研方法又可细分为随机抽样调查和非随机抽样调查，笔者接下来就会对这两种调查方式进行详细解读，具体内容如下。

### 1. 随机抽样调查

随机抽样调查也被叫作概率抽样调查，它是在整个样本中以随机的方式抽取一部分样本来进行的调查，具体内容如图 1-17 所示。

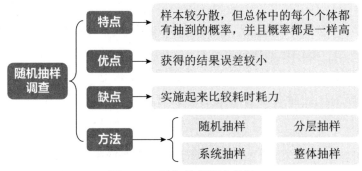

图 1-17　随机抽样调查分析

### 2. 非随机抽样调查

非随机抽样调查是在不遵循随机原则的情况下，在总体样本中按照调查人员的主观感受或其他条件抽取部分样本来进行的一种调查方法，其具体内容表现如图 1-18 所示。

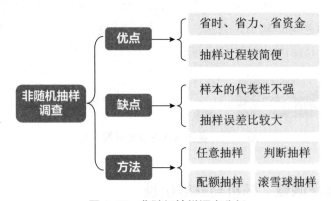

图 1-18　非随机抽样调查分析

### 1.3.6　全面调查，常见的两种类型

全面调查与其他方法的不同之处在于它的调查对象比较全面，其要求的是全面性的普查式调查，调查结果最突出的特点是全面且精准。

由此，就市场营销而言，全面调查的对象是所有目标消费者。它主要分为两种类型，如图 1-19 所示。

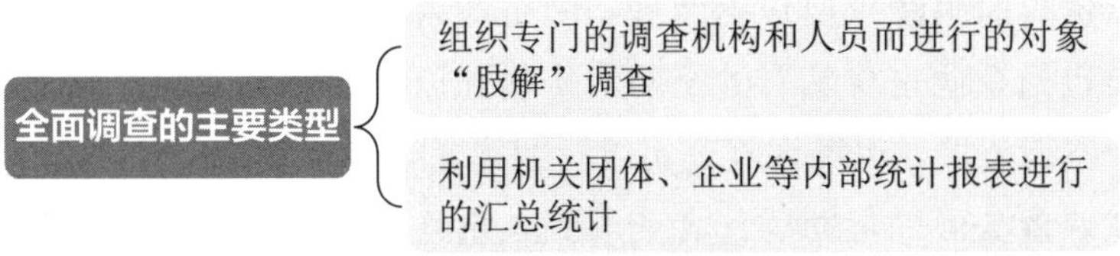

图 1-19　全面调查的主要类型

### 1.3.7　访问调查，询问的 3 种方式

访问调查就是通过对被调查者进行直接询问来收集资料的一种方法。访问调查有 3 种方法，即登门拜访、电话探访和街头采访，它们各自的具体特点如下。

（1）登门拜访能确保资料收集的真实性与全面性，且这种收集还伴有详细的记录可供查询。

（2）电话探访有着很明显的优势，就是非常简便，但这种访问调查方法由于持续的时间短，一般无法实现深入询问和调查，只能在常规性问题上对调查结果有一定帮助。

（3）街头采访一般来说不太适用于文案营销，且这种方法在实际操作过程中被拒绝的概率比较大，比较难收集到丰富的资料。

### 1.3.8　文献调查，非介入式的方法

最后，我们再来说文献调查法。那么什么叫作文献调查法呢？其实就是指通过寻找文献，收集有关市场信息的一种调查方法，它算是一种间接的、非介入式的市场调查方法。企业在经营过程中，常常需要了解市场行情、国民经济发展情况等信息，这些信息很难从消费者那里得到，文献调查法

能很好地帮助企业获得这方面的信息，而且它是非常方便有效的一种调查方式。

随着互联网和移动互联网技术的发展，在文案营销中使用文献调查方法越来越简便，特别是在大数据技术飞速发展的环境下，企业可以很容易地获取大量其他企业、消费者的资料和信息，这种调查方法的应用也就变得愈加实用。

文献资料的来源主要包括两种：即企业内部资料和其他外部资料。企业内部资料包括企业自身具有的消费者资料和以往的营销记录，其他外部资料则来源于咨询公司、市场调查公司以及网络。

文献调查法可以帮助运营者获取到大量且有效的信息，在很大程度上解决了运营者获取信息困难的问题。因此，它也是非常有用的调查方法。

## 1.4 文案营销，6 种方法实现"赢销"

短视频文案营销需要借助合适的营销方式来实现，如果运营者在营销的过程中掌握并运用好了营销方式，那么营销就会变为"赢销"。

### 1.4.1 事件营销，结合时事和热点

事件营销就是借助具有价值的新闻、事件，并结合产品的特点进行宣传推广和产品销售的一种营销方式。运用事件营销引爆产品的关键就在于结合热点和时事。

事件营销对于打造爆品十分有利，但事件营销如果运用不当，也会产生一些不好的影响。因此，在事件营销中需要注意几个问题，如事件营销要符合新闻法规、事件要与产品有关联性、营销过程中要控制好风险等。

事件营销具有 7 大特性，分别为：重要性、趣味性、接近性、针对性、主动性、保密性和可引导性等。这些特性决定了事件营销可以帮助产品变得火爆，从而成功达到提高产品销量的目的。

## 1.4.2　口碑营销，3 种常见营销法

互联网时代，消费者很容易受到口碑的影响，当某一事物受到主流市场推崇时，大多数人都会对其趋之若鹜。对于运营者来说，口碑营销主要是通过宣传产品良好的口碑，进而通过好评带动流量，让更多消费者出于信任购买产品。

常见的口碑营销方式主要包括经验性口碑营销、继发性口碑营销和意识性口碑营销，接下来笔者就来分别进行简要地解读。

### 1. 经验性口碑

经验性口碑营销主要是从消费者的使用经验入手，通过消费者的评论让其他用户认可产品，从而产生营销效果。

随着电商购物的发展，越来越多的人开始养成这样一个习惯，那就是在购买某件产品时一定要先查看他人对该物品的评价，以此对产品的口碑进行评估。当店铺中某件产品的总体评价较好时，产品便可凭借口碑获得不错的营销效果。

运营者可以将评价界面放到短视频中进行展示，当需要购买产品的用户看到这些评价时，可能会认为该产品总体比较好，并在此印象下将产品加入购物清单。而这样一来，产品便借由口碑将营销变成了"赢销"。

### 2. 继发性口碑

继发性口碑的来源较为直接，就是消费者直接在短视频平台和电商平台上了解相关的产品信息，从而逐步形成的口碑效应，这种口碑往往来源于短视频平台和电商平台上的相关活动。

以"京东"为例，在该电商平台中，便通过"京东秒杀""大牌闪购""品类秒杀"等活动，给予消费者一定的优惠。所以，"京东"便借助这个优势在消费者心中形成了口碑效应。

### 3. 意识性口碑

意识性口碑营销，主要是借助名人效应进行产品口碑营销，营销的效果也与名人的名气有着很大的关系。通常来说，名人的名气越高，营销的效果

往往就越好。

相比于其他推广方式，请明星代言的优势就在于，明星的粉丝很容易"爱屋及乌"，在选择产品时，会有意识地将自己偶像代言的品牌作为首选。有的粉丝为了扩大偶像的影响力，甚至还会将明星的代言内容进行主动宣传。

口碑营销实际上就是借助从众心理，通过消费者的自主传播，吸引更多消费者购买产品。在此过程中，非常关键的一点就是消费者好评的打造。毕竟当新用户受从众心理的影响进入店铺之后，要想让其进行消费，还得先通过好评获得用户的信任。

## 1.4.3　借力营销，巧用其他好资源

借力营销是指借助于他人的优势资源，来实现自身目标的一种营销方法。比如，运营者在产品的推广过程中存在自身无法完成的工作，但是其他人擅长于这一方面的工作，就可以通过合作达成目标。在进行借力营销时，运营者可以借力于 3 个方面的内容，具体如下。

（1）品牌的借力：借助其他知名品牌快速提升品牌和店铺的知名度和影响力。

（2）用户的借力：借助其他平台中用户群体的力量，宣传店铺及其产品。

（3）渠道的借力：借助其他企业擅长的渠道和领域，节省资源，取得共赢。

借力营销能获得怎样的效果，关键在于借力对象的影响力。所以，在采用借力营销策略时，运营者应尽可能地选择影响力大，且包含大量目标用户的平台，而不能抱着广泛撒网的心态到处去借力。

这主要有两个方面的原因：首先，运营者的时间和精力是有限的，这种广泛借力的方式对于大多数运营者来说明显是不适用的；其次，盲目地借力，并不能将信息传递给目标消费者，结果很可能是花了大量时间和精力，却无法取得预期的效果。

## 1.4.4　品牌营销，传递企业的价值

品牌营销是指企业通过向消费者传递品牌价值来得到消费者的认可和肯

定，以达到维持稳定销量、获得良好口碑的目的。通常来说，品牌营销需要企业倾注很大的心血，因为打响品牌不是一件容易的事情，市场上生产产品的企业和商家千千万，能被消费者记住和青睐的往往只有那么几家。

因此，如果企业想要通过品牌营销的方式来引爆产品，树立口碑，就应该从一点一滴做起，日积月累，如此才能齐抓名气和销量，赢得消费者的青睐和追捧。

品牌营销可以为产品打造一个深入人心的形象，然后让消费者对品牌下的产品趋之若鹜，成功打造爆品。品牌营销需要有相应的营销策略，如品牌个性、品牌传播、品牌销售和品牌管理，以便让品牌被消费者记住。

以丹麦的服装品牌 ONLY 为例，其品牌精神为前卫、个性十足、真实以及自信等，很好地诠释了产品的风格。同时，ONLY 利用自身的品牌优势在全球开设了多家店铺，获得了丰厚的利润，赢得了众多消费者的喜爱。ONLY 的品牌营销是一步一步从无到有摸索出来的，它也是依靠自己的努力慢慢找到品牌营销的窍门，从而打造出受人欢迎的爆品。

运营者在做品牌营销短视频文案时，要学会掌握品牌营销的优势，逐个击破。那么品牌营销的优势究竟有哪些呢？笔者将其总结为4点，具体如下。

（1）有利于满足消费者需求。

（2）有利于提升企业水平。

（3）有利于企业与其他对手竞争。

（4）有利于企业效率的提高。

品牌营销的优势不仅对企业有利，而且对爆品的打造也同样适用，总之一切都是为了满足消费者的需求。

## 1.4.5　活动营销，增加用户参与感

活动营销是指通过资源整合，策划相关的活动，来达到卖出产品、提升企业和店铺形象的一种营销方式。营销活动的推出，可以提高客户对店铺和品牌的依赖度，从而更好地培育出核心用户。

活动营销是各种运营者最常采用的营销方式之一，常见的活动营销方法包括抽奖营销、签到营销、红包营销、打折营销和团购营销等。许多店铺通常会采取"秒杀""清仓""抢购"等方式，以相对优惠的价格吸引用户购

买产品，增加平台的流量。

图1-20所示为某产品的活动营销文案。可以看到文案中的产品就是通过举办优惠活动来进行销售的，这便是典型的活动营销。

**图1-20 某产品的活动营销**

活动营销的重点往往不在于活动这个表现形式，而在于活动中的具体内容。也就是说，运营者在做活动营销时需要选取用户感兴趣的内容，否则，可能难以收到预期的效果。

对此，运营者需要以活动作为外衣，把用户需求作为内容来进行填充。比如，当用户因产品价格较高而不愿意下单时，可以通过发放满减优惠券的方式，适度让利，薄利多销。

## 1.4.6　饥饿营销，吸引潜在消费者

饥饿营销属于一种常见的营销方式，但是要想通过饥饿营销吸引潜在消费者，首先需要产品有一定的真实价值，并且品牌在大众心中有一定的影响力，否则，目标用户可能并不会买账。饥饿营销实际上就是通过降低产品供应量，从而来造成供不应求的假象，从而形成品牌效应，快速销售产品。

对于运营者来说，饥饿营销主要可以起到两个作用：一是获取流量，制

造短期热度。比如，在一次抢购活动中，因为文案中的商品价格较低，所以大量消费者涌入该产品的购买页面；二是增加认知度，随着此次抢购活动的开展，许多消费者在一段时间内对该品牌的印象得到了加深。

饥饿营销如果运用得当，所产生的效果是很明显的，其对店铺的长期发展也是十分有利的。图 1-21 所示为某产品的饥饿营销文案。这便是通过极低的价格销售较为有限的产品数量的方式，使有需求的消费者陷入疯狂的抢购。

图 1-21　某产品的饥饿营销

# 第2章

# 标题：增强第一印象让阅读量翻倍

很多用户在看视频时，首先注意到的就是视频的标题，标题的好坏，将对视频的播放量、转发量等数据造成很大的影响。那么，如何打造爆款标题呢？首先需要掌握标题的要点，以及标题的写作要求和撰写技巧，本章将进行相关讲解。

## 2.1 ▶ 标题要点，3 个方面重点表达

作为视频的重要组成部分，标题是运营者需要重点关注的内容。标题创作必须要掌握一定的技巧和写作标准，只有对标题撰写必备的要素进行熟练掌握，才能更好、更快地撰写标题，使标题达到引人注目的效果。

那么，在拟写视频标题时，应当重点关注哪些方面，并具体切入和撰写呢？接下来，我们就一起来看一下视频标题制作的 3 个要点。

### 2.1.1 吸睛词汇，引起用户关注

标题是视频的"眼睛"，在视频中有着举足轻重、无法替代的作用。标题展示着一个视频的大意、主旨，甚至是对故事背景的诠释，一个视频点击率的高低，与标题的好坏有着不可分割的联系。

视频标题要想吸引受众，就必须要有其点睛之处。但给视频标题"点睛"是需要一定技巧的。在撰写标题的时候，运营者可以加入一些能够吸引受众眼球的词汇，比如"惊现""福利""秘诀"以及"震惊"等。这些"点睛"词汇，能够让用户对视频内容产生好奇心。

例如，福利型的标题是指在标题上向受众传递一种"观看这个视频你就赚到了"的感觉，让用户自然而然地想要点开查看。一般来说，福利型标题准确把握了视频用户贪图利益的心理，让视频用户一看到"福利"的相关字眼就会忍不住想要了解视频的内容。

福利型标题的表达方法有两种：一种是比较直接的方式，另一种则是间接的表达方式。虽然方式不同，但是效果却相差无几，具体如图 2-1 所示。

图 2-1  福利型标题的表达方式

值得注意的是，在撰写福利型标题的时候，无论是直接型还是含蓄型，都应该掌握 3 大技巧，如图 2-2 所示。

图 2-2  福利型标题的撰写技巧

福利型的标题通常会给受众带来一种惊喜之感，试想，如果视频标题中或明或暗地指出含有福利，你难道不会心动吗？

福利型标题既可以吸引用户的注意力，又可以为用户带来实际利益，可谓是一举两得。当然，福利型标题在撰写的时候也要注意，不要因为侧重福利而偏离了主题，而且最好不要使用太长的标题，以免影响视频的传播效果。

## 2.1.2  突出重点，用数字化标题

一个标题的好坏直接决定了视频点击率的高低，所以在撰写标题时，一定要突出重点，标题字数不要太长，最好是能够朗朗上口。这样才能让受众在短时间内，清楚地知道你想要表达的是什么，用户也就自然愿意观看你的视频内容了。

在撰写标题的时候，要注意的一点是，标题用语应该要简短一点，突出重点，切忌撰写的标题成分过于复杂。标题越是简单明了，用户在看到这样的标题的时候，越会有一个比较舒适的视觉感受，阅读起来也更为方便。

标题: 增强第一印象让阅读量翻倍 👤

例如，使用数字型标题就能很好地突出视频的内容重点。数字型标题是指在标题中呈现出具体的数字，通过数字的形式来概括相关的主题内容。数字不同于一般的文字，它会带给用户比较深刻的印象，与用户的心灵产生奇妙的碰撞，很好地吸引用户。

在视频中采用数字型标题有不少好处，如图 2-3 所示。

**图 2-3　数字型标题的好处**

值得注意的是，数字型的标题也很容易打造，因为它是一种概括性的标题。图 2-4 所示为撰写数字型标题的技巧。

**图 2-4　撰写数字型标题的技巧**

此外，数字型标题还包括很多不同的类型，比如时间、年龄等，具体来说可以分为 3 种，如图 2-5 所示。

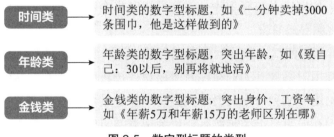

**图 2-5　数字型标题的类型**

数字型的标题比较常见，它通常会采用悬殊的对比、层层的递进等方式呈现，目的是营造一个比较新奇的情景，对受众产生视觉上和心理上的冲击。

事实上，很多内容都可以通过具体的数字总结和表达，只要把想重点突出的内容提炼成数字即可。同时还要注意的是，在打造数字型标题的时候，最好使用阿拉伯数字，统一数字格式，尽量把数字放在标题前面。

### 2.1.3　体现主题，增加用户信任

标题是视频的"窗户"，用户要是能从这一扇窗户之中看到视频内容的一个大致提炼，就说明这一标题是合格的。换句话说，便是标题要体现出视频内容的主题。

虽然标题就是要起到吸引受众的作用，但是如果受众被某一标题吸引，进入视频之后却发现标题和内容主题联系得不紧密，或是完全没有联系，就会降低用户的信任度，甚至会让用户产生被欺骗的感觉，从而拉低视频的点赞和转发量。

这也要求运营者在撰写标题的时候，一定注意所写的标题与内容主题要联系紧密，切勿"挂羊头卖狗肉"，做"标题党"，而应尽可能地让标题与内容紧密关联，疑惑自问式标题正是如此。以提问的形式将问题提出来，用户可以从提出的问题中知道视频内容是什么，增强了用户信用度。

下面来欣赏几则问题式标题案例。图 2-6 所示为 B 站疑问前置式标题，这一类标题通常将疑问词放在最前面，能够引起用户的注意。当用户看见如"为什么、如何以及怎样"等一系列词语时也会产生相同的疑问，从而引导用户点开视频寻求答案。

图 2-7 所示为西瓜视频疑问后置式标题，这一类标题喜欢将疑问放在标题末尾，引起用户兴趣。人们往往对"秘诀、技巧以及秘籍"等词汇具有很强的兴趣，用这一系列的词汇会给人普及一些小常识或是小知识，方便人们的生活，人们在面对这一类标题时，也会抱着学习的心态去观看视频，进而增加了视频的点击率。

标题：增强第一印象让阅读量翻倍 👤

图 2-6　B站疑问前置式标题　　　　图 2-7　西瓜视频疑问后置式标题

## 2.2 标题要求，3 大原则重点把握

一个视频最先吸引观众的是什么？毋庸置疑是标题，好的标题才能让用户点进去查看视频内容，让视频上热门。因此，拟写视频的标题十分重要，而掌握一些标题创作技巧也就成了每个运营者必须要掌握的核心技能。

在互联网内容创作中，总是逃不过"标题"这个字眼，处处都是标题，处处都需要一个好标题。视频运营也一样，永远也逃不过写标题这个话题。视频的标题能直接决定视频的多项数据，视频的成败有时候就得看标题。

标题，可以说是视频运营最重要的板块之一。互联网上关于写标题的方法也很多，如 5 大手法、7 大技巧以及 10 大秘籍等，层出不穷，其中不乏一些不错的方法论，在此就不赘述技巧了，重点来讨论一下笔者所理解的好标题应该是怎么样的，提供给大家一个新的思路。

起初，笔者认为好标题就是要夸张、劲爆，现在看来，这样概括显然是很不负责任的。"标题党"还好，有的甚至蓄意骗人，制造一些谣言，对于用户是伤害，对于自己是消耗，甚至还有违法违规的风险。

虽然现在这也是最常见的标题类型，特别是很多资讯App里的娱乐八卦视频。但笔者认为这绝对不能叫做好标题。夸大博眼球的标题≠好标题。笔者以为好标题是操纵各类技能，吸引更多点击，让标题结果最大化的标题。

**专家提醒**
ZhuanJiaTiXing

通过前文提到过的方法确实都能大大提高标题的点击率，但是笔者觉得貌似过于技巧化，如果只是强行利用各种手段技巧，能出好标题，但也可能是造垃圾。好标题是能刺激人性、调动情绪、制造场景的标题。

## 2.2.1 撰写标题，遵守 3 大原则

评判一个视频标题的好坏，不仅仅要看它是否有吸引力，还需要参照其他的一些原则。在遵守原则的基础上撰写的标题，能让你的视频更轻易上热点。相关原则具体如下。

### 1. 换位原则

运营者在拟定视频标题时，不能只站在自己的角度去想要推出什么，更要站在用户的角度去思考。也就是说，应该将自己当成受众，如果你想知道某个问题，你会用什么搜索词来搜索这个问题的答案，这样写出来的标题会更接近用户的心理感受。

因此，运营者在拟写标题之前，可以先将有关的关键词输入搜索浏览器中进行搜索，然后从排名靠前的结果中找出标题的规律，再将这些规律用于自己要撰写的视频标题中。

### 2. 新颖原则

运营者如果想要让自己的标题形式变得新颖，可以采用多种方法。那么，运营者应该如何让视频的标题变得更加新颖呢？笔者在这里介绍几种比较实用的标题形式。

● 视频标题写作要尽量使用问句，这样比较能引起人们的好奇心，比如：

"谁来'拯救'缺失的牙齿？"这样的标题会更容易吸引读者。

● 视频标题创作时要尽量写得详细，这样才会更有吸引力。

● 要尽量将利益写出来，无论是用户阅读这篇文案后所带来的利益，或者是这篇文案中涉及的产品或服务所带来的利益，都应该在标题中直接告诉用户，从而增加标题对用户的影响力，如图 2-8 所示。

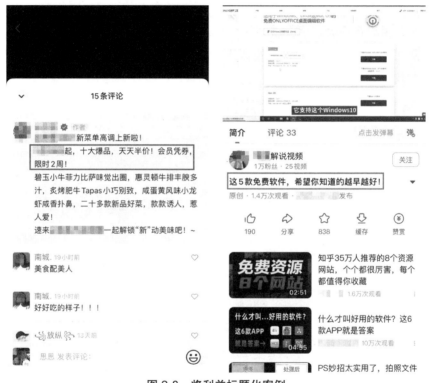

图 2-8　将利益标题化案例

### 3．组合原则

通过观察，可以发现能获得高流量的视频标题，都是拥有多个关键词并且进行组合之后的标题。这是因为，单个关键词的标题，它的排名影响力不如多个关键词的标题。

例如，如果仅在标题中嵌入"面膜"这一个关键词，那么用户在搜索时，只有搜索到"面膜"这一个关键字，视频才会被搜索出来。而标题上如果含有"面膜""变美"以及"年轻"等多个关键词，则用户在搜索其中任意关键字的时候，标题都会被搜索出来，标题"露脸"的机会也就更加多了。

## 2.2.2　凸显主旨，内容一目了然

俗话说："题好一半文。"它的意思就是说，题目拟得好，文章就成功一半了。衡量一个标题好坏的方法有很多，而标题是否体现视频的主旨就是衡量标题好坏的一个主要的参考依据。

如果一个标题不能够做到在受众看见它的第一眼就明白它想要表达的内容，那么用户在很大程度上就会放弃观看这个视频的内容。

那么，视频标题是否体现视频主旨这一衡量依据，将会造成什么样的结果呢？具体分析如图 2-9 所示。

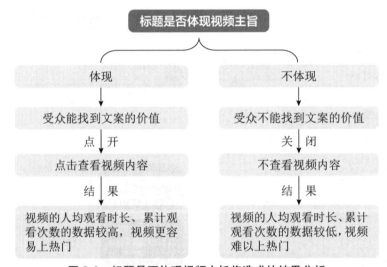

图 2-9　标题是否体现视频主旨将造成的结果分析

经过分析，大家可以直观地看出，视频标题是否体现视频主旨会直接影响营销效果。所以，视频运营者想要让自己的视频上热门的话，在取视频标题的时候一定要多注意视频的标题是否体现了其主旨。一个好的标题能让你的主旨加倍充实地体现出来。

## 2.2.3　掌握词根，助力文案曝光

笔者在前文中介绍标题应该遵守的原则时，曾提及写标题要遵守关键词组合的原则，这样才能凭借更多的关键词增加文案的"曝光率"，让自己的视频出现在更多用户的面前。在这里笔者将给大家介绍如何在标题中运

用关键词。

进行标题编写的时候，运营者需要充分考虑怎样去吸引目标受众的关注。而要实现这一目标，就需要从关键词入手；要在标题中运用关键词，就需要考虑关键词是否含有词根。

词根指的是词语的组成根本，只要有词根我们就可以组成不同的词。运营者在标题中加入有词根的关键词，才能将标题的搜索度提高。

例如，一个视频标题为"十分钟教你快速学会手机摄影"，那这个标题中"手机摄影"就是关键词，而"摄影"就是词根，根据词根我们可以搜出更多的与摄影相关的标题。

## 2.3 标题撰写，5 个技巧增加点击

要想吸引受众观看你的视频，那么一个好的视频标题是必不可少的。一般来说，除了封面之外，受众最先看到的就是视频的标题了，标题能起到"画龙点睛"的作用，是决定受众是否点击视频的关键因素之一。所以，接下来笔者就来详细讲解视频标题的创作技巧，帮助新人运营者提高视频的点击率。

### 2.3.1 流行型标题，紧扣热门词汇

流行词汇型的视频标题就是将网上比较流行的词汇、短语、句子，如"我不要你觉得，我要我觉得""我太难了""硬核""柠檬精"以及"宝藏男孩"等嵌入视频标题中，让用户一看就觉得十分有新意，很奇特。

根据某些网友们平时讨论比较多的热点话题打造的标题，用户对这类标题是比较喜欢的。所以，紧扣热点的视频标题能增加短视频的点击量，获得用户的点赞和评论。例如，很多观众都非常喜欢《司藤》这部影视剧，有网友利用这一热点制作了视频并发布在网上，"爷青回"就是一个非常时尚的词，而视频一直以来都是比较火的，把热播的电视剧和当下流行的东西结合，制造新的看点，从而唤醒人们对热点的记忆。

在撰写视频标题的时候，光抛出一件事情或一句话有时候是不够的，用户有时候也需要引导和给出一些简单明了的指示，这个时候，在标题中切入"这""这些"就显得十分有必要了。"这""这些"和"这就是"都是指向性非常明确的关键词，如果在视频标题当中运用恰当，就会产生短视频的高点击量，示例如图 2-10 所示。

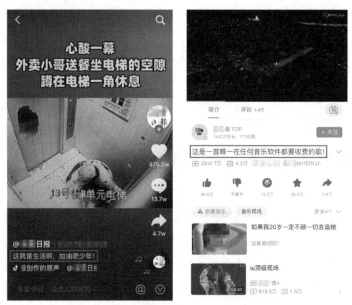

图 2-10　"这"字加入视频标题的案例

这两个词在标题里的应用原理也很简单。举个例子，有人告诉你某个地方正在发生一件很奇怪的事情，当你想知道到底是什么奇怪的事情时，他只跟你说在哪里发生的，却不将这件事情仔细地讲给你听，最终你还是会自己去看看到底是什么奇怪的事情。这一类带有"这""这些"的标题就是以这样的方式来吸引用户的。

在视频之中切入"这里有"的目的性也很明确，就是在告诉用户这里有你想知道的内容，或者这里有你必须要知道的内容，从而让用户点击视频。这一类标题大都是采用自问自答又或者是传统式的叫喊，比如"这里有你想要的气质美""大码爆款 T 恤这都有""这个视频有 1 元福利"之类的。

这种流行型标题无需太多技巧，只需适时适当地知道用户想要的是什么就可以了，避免了其他形式标题的弯弯绕绕，又不会出太大的差错。

## 2.3.2　借势型标题，借力推广传播

借势主要是借助热度，以及当前时下流行的趋势来进行传播，借势型标题的运用具有以下几个技巧，接下来笔者将进行一一讲解。

### 1.　文题相符

所谓"文题相符"就是指视频的标题中所提的问题要和视频的内容相符合。运营者在撰写视频标题的时候，要保证标题和内容的相关性，不能做恶性的"标题党"。恶性"标题党"是为了吸引受众的注意力，一味地造假标题，这样做既欺骗了受众，也浪费了受众的时间。

如果视频标题的提问和视频内容完全没有多大的联系，即使受众被标题吸引而进入视频，也会在观看视频内容时逐渐地失去兴趣。这样不仅会降低受众的观看体验度，还会引起受众的反感，致使受众流失。

### 2.　借助热点

热点最大的特点就是关注的人数多，所以巧借社会热点写出来的视频标题，其关注度和浏览量都会上去。那么，我们应该如何来寻找并利用热点呢？

运营者平时可以多在网上关注明星的动态、社会事件以及国家新出台的政策等，然后将这些热点与视频的主题内容结合起来，这样能吸引那些关注和讨论这些热点观众的兴趣和注意力。

例如，《一人之下》动画是改编自米二的同名漫画，自开播以来受到广大观众的喜爱和追捧，成了一个火热的IP。2020年5月27日，《一人之下》手游在全平台上线，引起IP粉丝的高度关注。所以，运营者就以《一人之下》手游的名字作为视频的标题，做一场新游试玩的视频评测，来吸引该IP粉丝的兴趣和关注。

图2-11所示为借助华为自动驾驶热点的视频标题案例。运营者在公开道路上实车体验了华为自动驾驶的汽车，吸引了一批又一批观众前来观看，导致视频累计观看人数高达近70万，成为视频界的又一个热点。

**图 2-11　借助热点的视频标题案例**

## 3. 借助流行

很多运营者在撰写视频标题的时候，会经常借用一些流行元素，以此来引发受众的情感共鸣，达到让用户点击视频的目的。流行元素有点类似于"彩蛋"，所谓"彩蛋"就是那些在内容作品中如果不仔细寻找就可能被忽略的有趣细节，它的作用就是利用人们的怀旧心理，给观众或读者制造意外的惊喜。

常见的流行元素有流行歌词或电影中的经典台词。图 2-12 所示这个视频标题就是采用了流行元素。"蒲公英的约定"出自某著名男歌手的流行歌曲，当受众看到视频的标题时，就会情不自禁地想起这首歌，从而激发受众无限的情怀和情感共鸣。

"初听不知曲中意，再听已是曲中人"，看到这几个字你会不会想起某著名女歌手的《后来》，你曾经是不是也错过了什么，当时不懂得，事情发生过后才恍然大悟。利用这些流行元素更容易引起视频用户的情感共鸣，从而激发出想要进入视频看一看的兴趣。

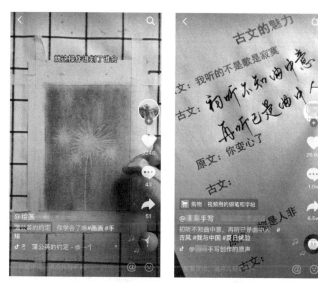

图 2-12　借助流行元素的视频标题案例

## 4. 借助名人

名人具有一定的影响力，特别是娱乐明星，所以有些企业在发布新产品的时候，通常会请明星来代言，借助名人的影响力或明星的流量来增加新产品的热度和宣传效果。借助名人的影响力可以大大提高视频的人气，从而为视频带货起到很好的营销作用。

还有一些视频公开课，运营者是各领域里的佼佼者。有些想要分享自己的经验，进一步提高自己的人气。图 2-13 所示为某书城邀请知名教授为读者进行讲解。

图 2-13　借助名人的视频标题案例

借助名人的影响力一般有两种情况，一种是在视频标题中直接用名人的名字来命名，另一种是请名人做嘉宾，参与视频的拍摄。

### 5. 借助活动

在视频标题的撰写中，通过活动借势来打造或推广品牌的这种方式非常有效，尤其是在大品牌中活动借势的效果更为明显。大品牌利用活动来为视频造势的例子有很多，比如"双11狂欢购物节""520告白节""38女神节"等。

图2-14所示为快手运营者618电商节借势的视频标题案例。

图 2-14　活动借势的视频标题案例

## 2.3.3　提问型标题，吸引用户关注

提问型标题能将视频内容与标题紧密联系起来，同时激发用户的好奇心。接下来笔者将重点介绍提问型标题有哪几种以及如何使用它，具体内容如下。

### 1. 疑问句式

在视频标题的撰写中，疑问句式的标题效果主要表现在两个方面：一是疑问句式中所涉及的话题大多和受众关系比较密切，所以受众的关注度比较高；二是疑问句式本身就能够引起受众的注意，激发其好奇心，从而促使受众点击视频。

疑问句式的视频标题都有一些比较固定的句式，它们通常都是提出某个具体的问题让受众深思，当受众对此产生兴趣和好奇之后，就有想到视频内容当中寻找原因和答案的冲动，这样无形之中就提高了视频的点击率，如图2-15所示。

图 2-15　疑问句式的视频标题案例

上面案例中的视频标题为"这些冷知识你知道吗"，很明显这是一个常见的疑问句式，用户看到这个标题时不禁好奇，视频中究竟有哪些冷知识？就会对视频的内容产生兴趣，从而提高视频的完播率。

### 2. "如何"句式

"如何"的意思就是采取什么样的方式或方法，运用"如何"句式的提问型标题有利于帮助用户解决实际问题。图2-16所示为"如何"句式的视频标题案例。

图 2-16　"如何"句式的视频标题案例

上面案例中的视频标题为"涨粉秘籍 如何快速实现百万关注"，对新媒体平台想快速涨粉扩大影响力的用户有很大的吸引力。这样的标题能精确定位视频的受众人群，帮助运营者快速找到自己的目标用户。

### 3. 反问句式

反问句是一种特殊的疑问语句，其作用是加强语气，将这样的句式运用到视频的标题中能引发受众反思，给受众留下深刻的印象。反问句分为肯定反问句和否定反问句，反问句常见的句式大都是否定反问句，也便是暗示必定的意思。图 2-17 所示为反问句式的视频标题案例。

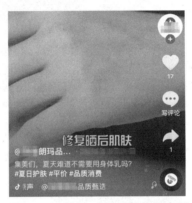

图 2-17　反问句式的视频标题案例

从上面的视频标题案例中我们可以看出，运营者通过"夏天难道不需要用身体乳吗？"的反问，来明确地表达"夏天需要用身体乳"的观点和态度。反问句式的视频标题有强调的作用和效果，能大大加强语气和气势，更能引起受众的注意和兴趣，还有引发受众反思的作用。

## 2.3.4　语言型标题，巧用修辞手法

所谓语言型标题，即利用修辞表达方式提升标题语言的表达效果。下面笔者就来详细讲解语言型标题在视频中的各种运用，具体内容如下。

### 1. 进行比喻

在内容写作中，经常使用的比喻修辞手法有明喻、暗喻和借喻，它们的区别如图 2-18 所示。

图2-18　3种比喻类型的区别

### 2. 事物拟人

拟人便是将事物人格化，把原本不具备人的一些特点的事物变成与人同样具备行为、语言和感情。运用拟人的修辞手法可以使描写的事物更加生动形象，具有生命力，把人以外的物当成人来写，使之具有人格化特征，使事物具体化，更能直观地感受事物的形态特征，更容易让观众理解，如图2-19所示。

图2-19　拟人型的视频标题案例

上面案例中的视频标题为"让狗子帮忙拿一下外卖"，很明显狗是不会像人一样会"拿"外卖的，这里运用拟人的修辞手法，将狗人格化了，使得视频标题更加新颖且有创意，从而吸引受众的眼球。

### 3. 标题对偶

对偶也称之为对仗，是指字数相等、意思相近、平仄相对的句子。这样的句子前后联系十分紧密，不可分割，在文学创作上经常用到。对偶的运用能使句子结构更富有层次感，韵味十足，更能吸引人的注意。

对偶式的标题节奏感很强，读起来朗朗上口，且易于记忆，所以这也使得视频标题更容易传播和推广，从而达到提升视频人气和点击率的目的。

在视频标题上运用对偶时需要注意，每个短语或者句子的字数不能太长，因为视频标题的字数有限制，而且太长也会让受众读起来比较拗口，容易产生视觉疲劳，降低受众的体验感。所以，运营者在撰写对偶式的视频标题时，字数要尽量精简、凝练，这样才能给受众比较好的视觉感受，如图 2-20 所示。

案例中的视频标题为"好吃不贵，美味实惠"，通俗易懂，对仗工整，读起来朗朗上口，富有节奏感，是典型的对偶式标题。

### 4. 用"谐音梗"

谐音便是用同音或近音字来取代本来的字，以产生趣味的修辞手法。这种手法经常被应用于创意广告的文案中，用来吸引受众的眼球。好比房地产广告："男儿志在四房"；服装店广告："人生得衣须尽欢"；餐饮美食广告："吃之以恒"以及"黄金食代"等。

在视频标题中，使用谐音梗同样能让标题更加形象有趣，大大提高标题的吸引力和关注度，而且也能让受众明白运营者想要表达的意思。图 2-21 所示为某电动车品牌视频推出的标题案例。将成语其乐无穷改为"骑乐无穷"，既提升了用户的趣味度，又与主题紧密地联系起来，充分运用了"谐音梗"。

图 2-20　对偶式的视频标题案例　　　图 2-21　谐音广告文案海报

### 5. 利用幽默

幽默，其作用简单来说就是让人会心微笑或开怀大笑。但"幽默"一词与单纯的搞笑又有很大的不同，幽默当中的搞笑，让人在发笑的同时，又能让用户感受到运营者想要表达的字面以外的意思。

幽默式标题通常以出其不意的想象和智慧让用户忍俊不禁，在使视频标题吸引人的同时，还能让人印象深刻、发人深省，激发用户观看视频的兴趣。在视频的标题当中，用到幽默式标题，不仅能够让用户会心一笑，还能让用户在笑过之后理解运营者话里更深层的意思，达到运营者预期的目的。

### 6. 合理用典

在视频中运用历史故事尤其是历史典故，能够让视频变得更加出彩。所采用的历史人物或者故事也大都是家喻户晓或者知名度比较高的，因而推广起来不会有难度。尤其是在视频广告之中，历史人物或者故事的运用更是不胜枚举。例如，运用历史来推行或宣扬某品牌能起到"水中着盐，饮水乃知盐味"的效果。

在视频的标题写作当中，恰当地运用历史，能使运营者所讲的言论都有历史根据，这样一来，更增强了运营者的可信度。在视频的标题当中，恰当地应用典故，能让标题达到十分具有说服力和引人注目的效果，因为人们都爱听故事、看故事。虽然视频标题里面的典故，都是人们已经很熟悉的，但又有所创新，因此可以再次吸引用户的目光。

另外，要想把典故与视频产品更好地结合起来，首先还是应该学会怎样选择和使用典故。运营者在撰写标题的时候，恰当引用合适的典故，能够使标题更富有历史趣味性，用户在咀嚼历史的时候，又能从中得出更多的内涵。

**专家提醒**
ZhuanJiaTiXing

例如，视频平台上关于三国题材的游戏视频，标题为"三顾茅庐"，这个典故可谓家喻户晓，尤其是看过《三国演义》小说和对历史感兴趣的人来说更是烂熟于心。采用这个典故作为视频的标题，意在告诉受众视频中的游戏内容情节是和"三顾茅庐"这段历史有关的，这样能吸引对此感兴趣的受众点击观看。

值得注意的是，在视频标题当中出现的历史典故应当是大部分人都耳熟能详的，这样才能起到大面积推广和传播的作用和效果。

## 2.3.5　避免标题误区，打造爆款标题

在撰写标题时，运营者还要注意不要走入误区，一旦标题失误，便会对视频的数据造成不可小觑的影响。下面将从标题容易出现的 6 大误区出发，介绍如何更好地打造视频标题。

### 1. 表达模糊：降低用户对内容的期待

在撰写标题时，要注意避免为了追求标题的新奇性而出现表述含糊的现象。很多运营者为了使自己的视频能吸引更多用户的目光，一味地追求标题上的新奇，这可能会导致标题的语言含糊其辞。

何为表述含糊？所谓"含糊"，是指语言不确定，或者表达方式或表达的意义模棱两可。在标题上表述"含糊"，如果只看标题，那么其他视频用户完全不知道运营者想要说的是什么，会让这些用户觉得整个标题都很乱，没有重点。

专家提醒
ZhuanJiaTiXing

因此，在撰写标题时，视频运营者尤其要注意标题表达的清晰度，重点要明确，要让视频用户在看到标题的时候，就能知道视频内容大致讲的是什么。一般来说，要想将标题表述清晰，就要做到找准内容的重点，明确内容中的名词,如人名、地名以及事件名称等。

例如，观点型标题，就是以表达观点为核心的一种标题撰写形式，一般会在标题上精准到人，并且把人名镶嵌在标题之中。值得注意的是，这种类型的标题还会在人名的后面紧接对某件事的个人观点或看法。观点型标题比较常见，而且可使用的范围比较广泛，常用公式有 5 种，如图 2-22 所示。

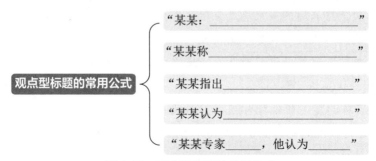

图 2-22　观点型标题的常用公式

标题：增强第一印象让阅读量翻倍 👤

当然，公式是一个比较刻板的东西，在实际的标题撰写过程中，不可能完全按照公式来做，只能说它可以为我们提供大致的方向。那么，在具体的观点型标题撰写时，有哪些经验技巧可以借鉴呢？笔者将其总结为以下3点，如图2-23所示。

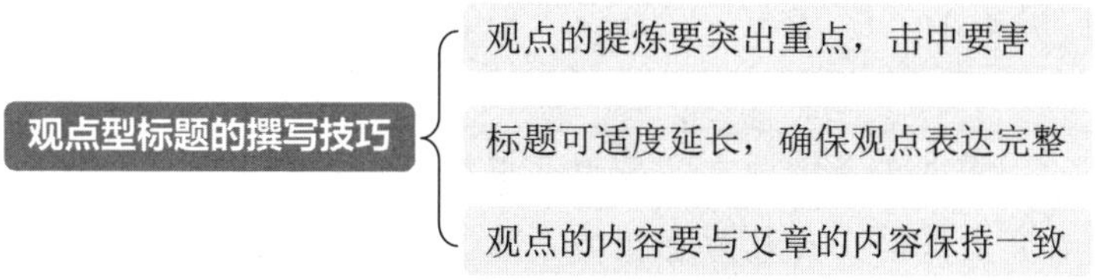

| 观点型标题的撰写技巧 | 观点的提炼要突出重点，击中要害 |
| | 标题可适度延长，确保观点表达完整 |
| | 观点的内容要与文章的内容保持一致 |

图2-23 观点型标题的撰写技巧

观点型标题的好处在于一目了然，"人物＋观点"的形式往往能在第一时间引起受众的注意，特别是当人物的名气比较大时，能够更好地提升文章的打开率。

## 2. 无关词汇：不适于账号长期运营

一些视频运营者为了让自己的标题变得更加有趣，而使用一些与标题没有多大联系，甚至是根本没有关联的词汇在标题之中，想以此达到吸引用户注意力的效果。

这样的标题在刚开始时可能会引起用户的注意，用户可能也会被标题所吸引而点击查看内容。但时间一久，他们便会拒绝这样随意添加无关词汇的标题，这样的结果所造成的影响是不利的。所以，运营者在撰写标题时，一定不要将无关词汇使用到标题当中去。

在标题中使用无关的词汇，也有很多种类型，如图2-24所示。

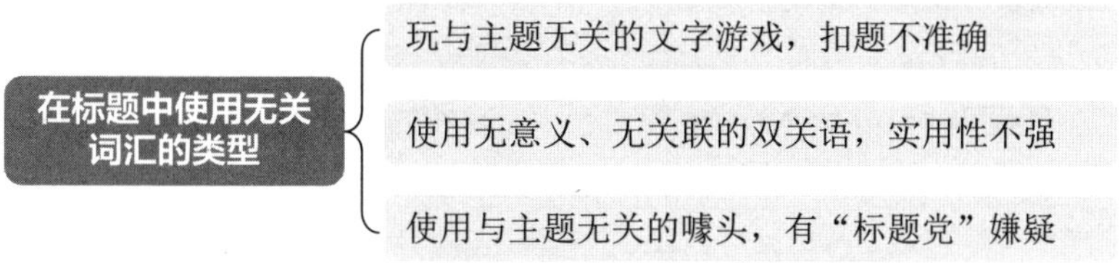

| 在标题中使用无关词汇的类型 | 玩与主题无关的文字游戏，扣题不准确 |
| | 使用无意义、无关联的双关语，实用性不强 |
| | 使用与主题无关的噱头，有"标题党"嫌疑 |

图2-24 在标题中使用无关词汇的类型

在标题的撰写当中，词汇的使用一定要与文案标题和内容有所关联，运营者不能为了追求标题的趣味性就随意乱用词汇。而应该学会巧妙地将词汇与文案标题的内容紧密结合，使词汇和标题内容融会贯通，只有这样，才算得上是一个成功的标题。否则，不仅会对用户造成一定程度的欺骗，也会变成所谓的"标题党"。

不少人认为："力量决定一切。"这句话中虽带有太绝对化的主观意识，但还是有着一定的道理。其中，冲击力作为力量范畴中的一员，在视频标题撰写中有着它独有的价值和魅力。

所谓"冲击力"，即带给人在视觉和心灵上的触动的力量，也即引起用户关注的原因所在。

**专家提醒**
ZhuanJiaTiXing

解决多余标题文字最为直接的方法就是将其删除，这也是强调与突出关键字句最为直接的方法。删除多余的或者无关内容对于各种视频来说，其实是一种非常聪明的做法。一方面，多余的内容删除之后，重点内容更加突出，用户能够快速把握运营者要传达的意图；另一方面，多余的内容删除之后，内容将变得更加简练，同样的内容能够用更短的时间进行传达，用户不容易产生反感情绪。

在具有冲击力的标题撰写中，要善于利用"独家"和"绝无仅有"等类似的比较具有极端性特点的词汇，因为受众往往比较关注那些具有特别突出特点的事物，而"独家"和"绝无仅有"等词汇是最能充分体现其突出性的，能带给受众强大的戏剧冲击感和视觉刺激感，如图 2-25 所示。

**图 2-25　突出性视频标题案例**

另外，成功的标题往往表现统一，失败的标题则是原因众多。在可避免的问题中，标题的多余累赘是失败的主因，其导致的结果主要包括内容毫无意义、文字说服力弱和问题模棱两可等。

### 3. 负面表达：使用户出现"趋利避害"心理

撰写一个标题，其目的就在于吸引用户的目光，只有标题吸引到了用户的注意，他们才会想要去查看视频的内容。基于这一目的，也让标题出现了一味追求吸睛而大面积使用负面表达的情况。

**专家提醒**
ZhuanJiaTiXing

人天生都愿意接受好的东西，而不愿意接受坏的东西，趋利避害，是人的天性，无法改变。这一情况也提醒运营者，在撰写标题时要尽量避免太过负面的表达方式，而是要用正面的、健康的、积极的方式表达出来，给用户一个好的引导。

图 2-26 所示为医生或者有关健康方面的专家所开设的视频案例。标题选用"健康饮食"等带有正面含义的表达，给人一种积极向上的正能量。如采用"有害健康饮食"这种负面表达，可能会引起用户不适。如何让视频内容和产品更容易被用户所接受，一个健康向上的标题是必不可少的。

**图 2-26　正面表达的标题案例**

警告型标题也是避免负面表达的一个很好的例子。警告型标题常常通过发人深省的内容和严肃深沉的语调给受众以强烈的心理暗示，从而给用户留下深刻印象。

警告型标题是一种有力量且严肃的标题，也就是通过标题给人以警醒作用，从而引起用户的高度注意，提高点击率。它通常会将以下 3 种内容移植到视频标题中，如图 2-27 所示。

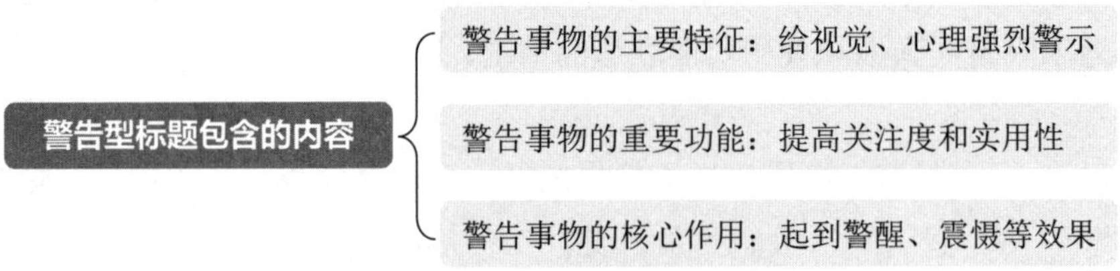

| 警告型标题包含的内容 | 警告事物的主要特征：给视觉、心理强烈警示 |
| | 警告事物的重要功能：提高关注度和实用性 |
| | 警告事物的核心作用：起到警醒、震慑等效果 |

图 2-27　警告型标题包含的内容

在运用警告型标题时，需要注意与运用的内容是否恰当，因为并不是每一个视频都可以使用这种类型的标题的。

那么，警告型标题应该如何构思呢？很多人只知道警告型标题能够起到比较显著的影响，容易夺人眼球，但具体如何撰写却是一头雾水。笔者在这里想分享 3 点技巧，如图 2-28 所示。

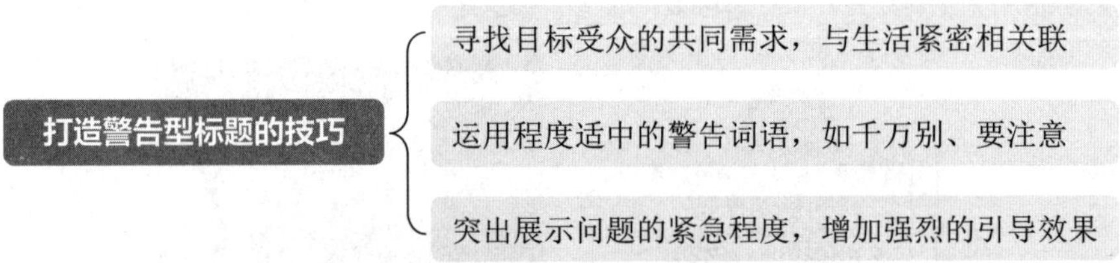

| 打造警告型标题的技巧 | 寻找目标受众的共同需求，与生活紧密相关联 |
| | 运用程度适中的警告词语，如千万别、要注意 |
| | 突出展示问题的紧急程度，增加强烈的引导效果 |

图 2-28　打造警告型标题的技巧

警告型标题可以应用的场景很多，无论是技巧类的，还是供大众娱乐消遣的，都可以用到这一类型的标题形式。选用警告型标题这一标题形式，主要是为了提升用户的关注度，大范围地分享视频。因为警告的方式往往更加醒目，触及用户的利益，如果这样做可能会让用户的利益受损，那么可能本来不想看的用户，也会点击查看。因为涉及自身利益的事情都是用户最关心的。

**专家提醒**
ZhuanJiaTiXing

这种标题形式运用得恰当，则能加分，起到其他标题无法替代的作用。运用不当的话，很容易让用户产生反感情绪或引起一些不必要的麻烦。因此，运营者在使用警告型标题的时候要谨慎小心，注意用词恰当，绝对不能草率行文，不顾内容胡乱取标题。

### 4. 虚假自夸：对用户造成误导和欺骗

运营者在撰写标题时，虽说要用到文学中的一些手法，比如夸张、比喻等，但这并不代表就能毫无上限地夸张，把没有的说成有的，把虚假说成真实。

运营者在撰写标题时，要结合自己发布的视频内容的实际情况来适当地进行艺术上的描写，而不能随意夸张，胡编乱造。如果想要使用"第一"或者意思与之差不多的词汇，不仅要得到有关部门的允许，还要有真实的数据调查。如果随意使用"第一"，不仅对视频的运营有不好的影响，还会对用户造成欺骗和误导。当然，这也是法律所不允许的。

在没有准确数据和调查结果的情况下冒充"第一"，这在标题的撰写当中是不可取的。

### 5. 比喻不当：使标题失去存在意义

比喻式的文案标题能将某事物变得更为具体和生动，具有化抽象为具体的强大功能。所以，采用比喻的形式撰写标题，可以让用户更加清楚地理解标题当中出现的内容，或者是运营者想要表达的思想和情绪。这对于提高视频的相关数据也是能起到十分积极的作用的。

但是，在标题中运用比喻，也要十分注意比喻是否得当的问题。一些运营者追求用比喻式的视频标题来吸引用户目光的时候，常常会出现比喻不当的错误，也就是指本体和喻体没有太大联系、毫无相关性的情况。

在标题之中，一旦比喻不当，用户就很难在视频标题之中找到自己想要的效果，那么标题也就失去了它存在的意义。这不仅不能被用户接受和喜爱，还可能会因为比喻不当，让读者产生质疑和困惑，从而影响视频的传播效果。

### 6. 强加于人：使用户产生抵触心理

强加于人，就是将一个人的想法或态度强行加到另一个人身上，不管对方喜不喜欢、愿不愿意，都想让对方接受，这带有强烈的主观意识。在撰写标题当中，"强加于人"就是指运营者将本身或者某一品牌的想法和概念植入到标题之中，强行灌输给用户，给用户一种气势凌人的感觉。

图2-29所示为强加于人的标题案例。例如，当你看到这个标题"来三亚一定要吃一顿木瓜椰奶鸡"，你不禁会想，我喜欢吃椰奶鸡吗？要知道各个地方的风土人情不一样，个人的习惯也不一样。例如，四川、湖南等地区的人们大多喜吃重口味的食物，当你加了"一定要吃"的字样，也势必会流失掉那部分不喜欢重口味的用户。

又如，视频的标题中出现"必须"这类字眼，会给其他用户带来不好的阅读体验，用户可能会出现逆反心理而拒绝看视频。

当一个标题太过气势凌人的时候，用户不仅不会接受该标题所表达的想法，还会产生抵触心理——越是让用户看，这些用户就越是不会看；越是想让他们接受，他们就越是不接受。如此循环往复，最后受损失的还是运营者自己，或者是某品牌自身。

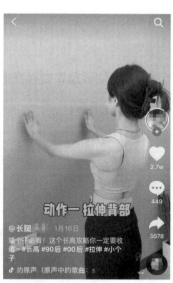

**图 2-29　强加于人的标题类型**

例如，有的视频标题，像"如果秋冬你只能买一双鞋，那必须是它""今年过节不收礼，收礼只收洁面仪"等标题内容，就是"强加于人"的典型标题案例。

与强加于人标题类型相似的是急迫型标题。因为人或多或少都会有一点拖延症，总是需要在他人的催促下才愿意动手做一件事。富有急迫感的标题就有一种类似于催促受众赶快查看视频的意味在里面，它给用户传递一种紧迫感，但又不会使人感到步步紧逼。

使用急迫型标题时，往往会让用户产生现在就会错过什么的感觉。那么，这类标题具体应该如何打造呢？笔者将其相关技巧总结为以下3点，如图2-30所示。

打造急迫型标题的技巧
- 在急迫之中结合受众的痛点和需求
- 突出显示文章内容需要阅读的紧迫性
- 加入"赶快行动、手慢无"等词语

图 2-30　打造急迫型标题的技巧

急迫型标题，是促使受众行动起来的最佳手段，而且也是切合受众利益的一种标题打造方式。图2-31所示为急迫型标题的典型案例。"抢""秒杀"这类标题往往给你一种急迫感，给你一种"再不买就没有了"的心理暗示。

图 2-31　急迫型标题案例

# 第3章

# 封面：做好封面图文助你
# 流量暴涨

在许多短视频平台中，用户看一个视频时，首先看到的
就是该视频的封面。因此，对于运营者来说，设计一个吸引人
的视频封面就尤为重要了，毕竟只有将封面图设置好了，才能
吸引更多用户点击并查看你发布的视频内容。

## 3.1 ▶ 封面选取：3 种方式选择最佳内容

封面对于一个视频来说是至关重要的，因为许多视频用户都会根据封面呈现的内容，决定要不要点击查看视频的内容。那么，如何为视频选择最佳的封面图片呢？笔者认为大家重点可以从 3 个方面进行考虑，这一节就详细地对这 3 个方面的内容分别进行解读。

### 3.1.1 关联内容，增加封面匹配度

如果将一个视频比作一篇文章，那么视频的封面就相当于文章的标题。在选择视频封面时，一定要考虑封面图片与视频的关联性。如果视频封面与内容的关联性太弱，就像是写文章时有"标题党"的嫌疑，或者是让人觉得文不对题。在这种情况下，用户看完视频之后，自然就会生出不满情绪，甚至会产生厌恶感。

其实，根据与内容的关联性选择视频封面的方法很简单，运营者只需要根据视频的主要内容选择能够代表主题的文字和画面即可。

图 3-1 所示为某水果店视频号主页。这个视频号在根据与内容的关联性选择封面方面就做得很好，因为它直接呈现的是各式各样的水果，颜色绚丽多彩，正好照应了标题中的内容。这样一来，视频号用户看到封面之后就对这个视频要展示的内容有了清晰准确的了解，然后根据自己的需求进行选择。这种一目了然的视频封面是深受大众喜爱的。

外表的包装总是能影响一个人的第一印象，因为美的事物总是更能抓人眼球，人们对于美的事物都更具有好感，因此好看的封面更能吸引用户的点击。

那么什么样的封面更能吸引人呢？视频的封面具体应该怎么设置？接下来给大家介绍几种常见的视频封面类型。

**图 3-1　根据内容关联性选择的视频号封面图**

第一种，为自拍或者个人写真，如图 3-2 所示。这样的封面一般适合人像摄影、美妆博主等，这一类型的封面图有利于吸引喜欢此类风格或内容的用户。

**图 3-2　个人写真作为抖音视频封面**

封面：做好封面图文助你流量暴涨 👤

第二种，是游戏的画面，通常为游戏视频的封面。图 3-3 所示左侧为游戏"王者荣耀"的画面截图，右侧为游戏"动物餐厅"的画面截图。

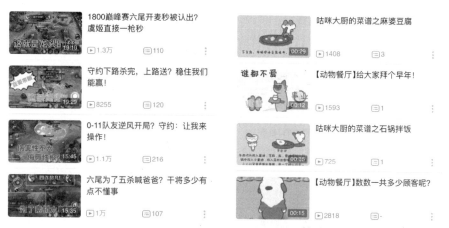

图 3-3　游戏的画面作为 B 站视频封面

第三种，为游戏的海报，或者动漫人物的海报，如图 3-4 所示。这类游戏多为带有二次元属性的游戏，或者主机游戏，甚至是一些动漫衍生的手游，这一类型的封面在 B 站上更为常见。

第四种，对于绘画类的视频可以直接用作品作为封面，如图 3-5 所示。这样更有利于让观众了解你的画风以及绘画水准，吸引爱好者观看。

图 3-4　动漫人物作为 B 站视频封面　　图 3-5　绘画作品作为 B 站视频封面

第五种，为电商类的视频封面，重点通常是展示视频内容里的相关产品。博主需要让用户知道你所要带货的产品，可以是美妆产品、服装产品等。

如果是美妆带货的主播，视频的封面通常是选择妆后的照片，一般为个人写真。以快手某零食开箱博主为例，该博主的视频封面通常为博主的照片加上带货的商品，如图 3-6 所示。

图 3-6　带有产品提示的电商视频封面

总的来说，视频封面的类型有 5 种，接下来笔者以图解的方式呈现出来，方便大家更好地理解，如图 3-7 所示。

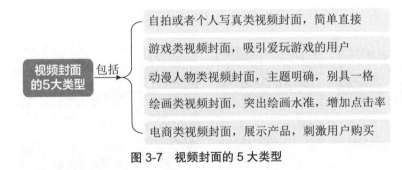

图 3-7　视频封面的 5 大类型

## 3.1.2　独特风格，加深用户记忆性

一些视频账号在经过一段时间的运营之后，在视频封面的选择上可能已经形成了自身的风格特色，而用户也接受了这种风格特色，甚至部分用户还表现出对这种视频封面风格的喜爱。那么，运营者在选择封面时就可以延续自身的风格特色，也就是根据账号以往的风格特色来选择封面图片。

封面：做好封面图文助你流量暴涨 👤

　　例如，抖音号为"陆高立教你销售"的视频封面就设置成了自己的个人形象照和视频主题文字，用户看到封面就能知道这个视频教的是什么销售技巧，这种照片＋文字的封面组合也成了他的一种标志，如图3-8所示。

图3-8　具有统一风格的抖音视频封面

## 3.1.3　遵守规则，更好地运营账号

　　许多视频平台都有自己的规则，所有运营者都要遵守规则。对于运营者来说，要想更好地运营视频账号，就应该遵循平台的规则。

　　通常来说，各视频平台中会通过规则的制定，对运营者在平台上的各种行为进行规范。运营者可以从规则中找出与视频封面相关的内容，并在选择视频封面时将相关规则作为重要的参考依据。

　　图3-9所示为抖音平台制定的"抖音社区自律公约"。该公约包含的内容比较丰富，主要介绍了在抖音平台禁止的行为、倡导的行为以及抖音社区管理方式等。视频运营者在制作视频封面时，可以重点参考该公约中表明的在抖音中不能制作、复制、发布和传播的相关内容。

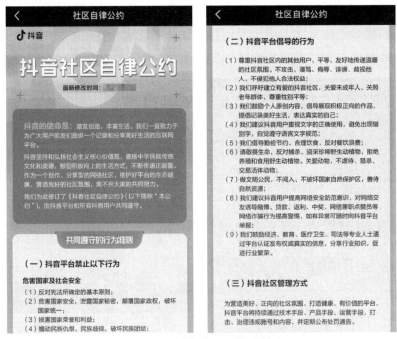

图 3-9　抖音社区自律公约

# 3.2 封面设计：3 个方法制作精美图片

好的封面在整个视频中能起到画龙点睛的作用，具有精彩的视觉效果的封面，可以迅速吸引观众的眼球。所以制作封面是非常有必要的，因为大多数用户会根据视频的封面决定是否查看该视频内容。所以，运营者在制作视频封面时，一定要尽可能地让视频的封面看起来高大上。为此，视频运营者需要了解并掌握制作视频封面的一些技巧。

## 3.2.1 封面制作，巧用修图功能

许多运营者在制作视频封面时，并非是直接从拍摄的视频画面中选取封面。对于这一部分运营者来说，掌握封面的基本调整方法就显得非常关键了。

其实，许多 App 都可以帮助运营者更好地调整视频的封面图。视频也有

封面：做好封面图文助你流量暴涨 👤

多种滤镜特效，能够更好地提升画面的美观度，一张好的封面图能吸引更多的用户前来观看。以"美图秀秀"App为例，其中包含的抠图、背景虚化和调色功能就能很好地帮助视频运营者制作视频封面。

### 1. 抠图

当运营者需要将某个画面中的一部分，如画面中的人物，单独拿出来制作视频封面时，就可以借助"美图秀秀"App的"抠图"功能，把需要的部分"抠"出来。在"美图秀秀"App中使用"抠图"功能的具体操作步骤如下。

**步骤01** 打开"美图秀秀"App，点击默认界面中的"图片美化"按钮，如图3-10所示。

**步骤02** 进入"最近项目"界面，选择需要进行抠图的照片，如图3-11所示。

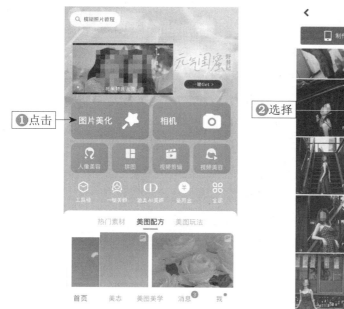

图3-10 点击"图片美化"按钮　　　图3-11 选择需要抠图的照片

**步骤03** 进入照片处理界面，点击下方的"抠图"按钮，如图3-12所示。

**步骤04** 进入抠图界面，❶点击"一键抠图"按钮；❷选择喜欢、合适的模板；❸点击界面右下角的 ✔ 按钮，即可完成抠图操作，如图3-13所示。

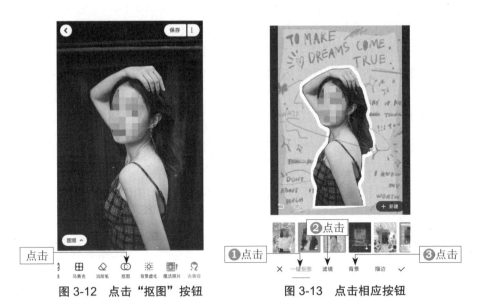

图 3-12　点击"抠图"按钮　　　　　　图 3-13　点击相应按钮

**步骤 05**　图 3-14 所示为原片和进行了抠图合成之后的照片效果。对比之下不难发现，将人物重点取出，重新导入你所需要的背景模板，更能体现出人物自身的风格特色，这一操作常常用于视频封面的制作中。

图 3-14　抠图处理的前后对比

## 2. 背景虚化

有时候运营者在制作视频封面时，需要重点突出画面中的部分内容。比如，需要重点展现人物的颜值。此时，便可以借助"背景虚化"功能，通过虚化不重要的部分，来突出显示画面中的重要部分。在"美图秀秀"App 中使用"背景虚化"功能的具体操作步骤如下。

封面：做好封面图文助你流量暴涨 👤

**步骤01** 打开"美图秀秀"App，选择需要进行背景虚化的照片。进入照片处理界面，点击下方的"背景虚化"按钮，如图3-15所示。

**步骤02** 进入背景虚化处理界面，❶选择合适的背景虚化模式；❷点击界面右下角的 ✔ 按钮，即可将完成背景虚化操作，如图3-16所示。"美图秀秀"App提供了3种背景虚化模式，即智能、圆形和直线，运营者只需要根据自身需求进行选择和设置即可。

图3-15 点击"背景虚化"按钮　　　　图3-16 背景虚化处理界面

**步骤03** 图3-17所示为原片和进行了背景虚化之后的照片。照片经过背景虚化之后，画面中的重点部分，即人物的身体，更容易成为视觉的焦点。

图3-17 背景虚化处理的前后对比

专家提醒
ZhuanJiaTiXing

背景虚化功能常常用于需要重点突出的人物或需要模糊处理的背景，该操作简单，容易上手。背景虚化的目的是将用户的注意力集中在照片的主体部分，而不是被背景所吸引。

### 3. 调色

部分运营者在拍摄视频或封面的时候，可能光线比较暗淡，这样拍出来的视频画面或封面必然会亮度不足。在遇到这种情况时，运营者可以借助"美图秀秀"App的"调色"功能，让画面或照片"亮"起来。具体来说，在"美图秀秀"App中使用"调色"功能的具体操作步骤如下。

**步骤01** 打开"美图秀秀"App，选择需要进行调色处理的照片。进入照片处理界面，点击下方的"调色"按钮，如图3-18所示。

**步骤02** 进入"调色"处理界面，❶调节智能补光、亮度、对比度、高光以及暗部等参数，对照片的光效进行调整；❷点击界面右下角的✓按钮，即可完成调色操作，如图3-19所示。

图 3-18 点击"调色"按钮

图 3-19 "调色"处理界面

**步骤 03** 图 3-20 所示为原片和进行了调色处理之后的照片。可以看到，经过调色处理之后，图片明显变得明亮了，而且"颜值"也得到了提高。

图 3-20 调色处理的前后对比效果

## 3.2.2 封面模板，提高制作效率

如果运营者想要快速制作出高大上的视频封面，那么制作一个固定的封面图模板不失为一种有效的手段。因为固定的封面图模板制作完成之后，运营者只需要对具体内容进行替换，便能快速制作出新的视频封面。

当然，要想利用固定模板快速制作高大上的视频封面，还有一个重要的前提，那就是制作的固定封面图模板必须也是高大上的。因此，在制作视频的固定封面图模板时，运营者一定要多花一些心力，因为利用模板制作的视频封面，其显示效果会直接受到影响。

通常来说，固定封面图模板比较适合视频发布频率较高，或者运营时间较有限的运营者使用。因为固定模板制作完成后，就能快速制作出具体的视频封面，这可以为运营者节省大量的时间。

### 3.2.3　封面设置，掌握关键技巧

对于运营者来说，视频封面是影响用户点击视频的关键因素。以抖音视频为例，封面通常使用博主人像图或商品图，同时必须是清晰干净且没有诱导信息的大图，相关设置技巧如图 3-21 所示。

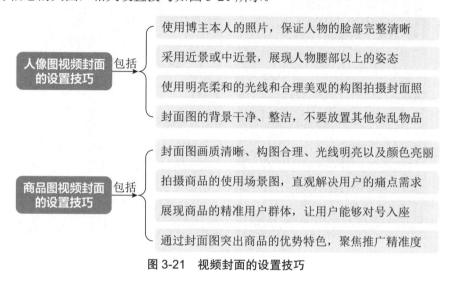

**图 3-21　视频封面的设置技巧**

## 3.3 注意事项：8 大要点完善视频封面

制作视频封面的过程中，有一些需要特别注意的事项。这一节，笔者从中选取了 8 个方面的内容，为大家进行重点说明。

### 3.3.1　原创符号，展示独家专属

这是一个越来越注重原创的时代，无论是视频，还是视频的封面，都应该尽可能地体现原创。因为人们每天接收到的信息非常多，对于重复出现的内容，大多数人都不会太感兴趣。所以，如果你的视频封面不是原创的，用户可能会根据视频封面来判断自己是否已经看过相似的内容。这样一来，视频的点击率就难以得到保障了。

封面：做好封面图文助你流量暴涨 👤

专家提醒
ZhuanJiaTiXing

其实，要做到使用原创视频封面这一点很简单。因为绝大多数运营者拍摄或上传的视频内容都是自己制作的，运营者只需从视频中随意选择一个画面作为视频封面，基本上就能保证视频封面的原创性。因为你自身所处的场景以及人物的活动氛围等都是独一无二的。

当然，为了更好地显示视频封面的原创性，运营者还可以对视频封面进行一些处理。比如，可以在封面上加一些可以体现原创的文字，如原创、自制等，如图 3-22 所示。这些文字虽然是对整个视频的说明，但用户看到之后，也能马上明白包括封面在内的所有视频内容是你自己做的。

图 3-22　快手"原创""自制"视频封面

## 3.3.2　图片尺寸，完美呈现内容

在制作视频封面时，一定要注意图片的大小。如果图片太小，呈现出来的内容可能会不太清晰。遇到图片不够清晰的情况，运营者最好重新制作图片，甚至重新拍摄视频，因为画面的清晰度将会直接影响用户观看视频内容的感受。

一般来说，各大视频平台对于视频封面图片的大小都有一定的要求。例如，抖音视频封面图片的分辨率要求为 720×1280。在制作视频封面时，运营者只需根据平台的要求选择图片即可。

### 3.3.3 展现看点，选取不同景别

许多运营者在制作视频封面时，会直接从视频中选取画面作为视频的封面。这部分运营者需要特别注意一点，那就是不同景别的画面，显示的效果有很大的不同。运营者在选择视频封面时，应该要选择展现视频最大看点的景别，让用户能够快速把握重点。

图 3-23 和图 3-24 所示为荷花的两个摄影课程视频封面。可以看到这两个画面在景别上就存在很大的区别，图 3-23 画面是近景，一朵荷花盛开在荷叶之中，绿中一点红，直接凸显出视频的主题。而图 3-24 是远景，虽然能显示盛开的荷花，但是画面中更多的是荷叶，荷花的特征就不太明显。

图 3-23　近景视频封面示例

图 3-24　远景视频封面示例

封面：做好封面图文助你流量暴涨 👤

### 3.3.4 超级符号，吸引用户目光

超级符号就是一些在生活中比较常见的、一看就能明白的符号。比如，红绿灯就属于一种超级符号，大家都知道"红灯停，绿灯行"；又比如一些知名品牌的 LOGO，我们只要一看就知道它代表的是哪个品牌。

相对于纯文字的说明，带有超级符号的标签，在表现力上更强，也更能让运营者快速把握重点信息。因此，在制作视频封面时，运营者可以尽可能地使用超级符号来吸引用户的关注。

图 3-25 所示为 B 站某 UP 主的视频封面。该博主的视频封面中都是用软件图标作为超级符号，以此来吸引用户的目光。

图 3-25　用超级符号吸引用户的目光

### 3.3.5 强化色彩，增加视觉冲击

人是一种视觉动物，越是鲜艳的色彩，通常就越容易吸引人的目光。因此，运营者在制作视频封面时，应尽可能地让物体的颜色更好地呈现出来，让整个视频封面的视觉效果更强一些。

图 3-26 所示为两个美食视频的封面。如果将这两个封面作对比，显然右侧的封面对用户的吸引力会强一些。这主要是因为左侧的封面在拍摄时光线有些不足，再加上封面中的食物的颜色经过烹制之后，出现了变化。所以，封面中虽然色彩丰富，但是亮度不够。而右侧的封面光线充足，看上去更为美观，视觉效果更好。

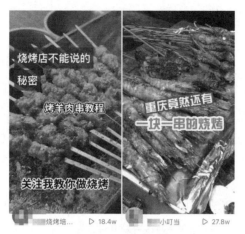

图 3-26　视频的封面对比

### 3.3.6　竖排封面，展现最佳效果

通常来说，各大视频平台都是默认以竖版的形式呈现视频封面的。图 3-27 所示为抖音视频平台的相关视频封面。可以看到这些视频的封面几乎都是以竖版的形式呈现出来的，这样能给用户带来更多视觉上的舒适感。

图 3-27　以竖版呈现视频封面

封面：做好封面图文助你流量暴涨 👤

除了用竖屏画面设置视频封面之外，还有一种情况比较常见，那就是将横屏拍摄的画面设置成竖屏的封面。这种做法虽然让设置的视频封面更加适应用户的阅读习惯，但是会导致视频画面中出现大量没有具体画面的内容。

其实，在各大视频平台中，有很多视频都是横屏拍摄的。比如，许多游戏都是用横屏来操作的，所以这些游戏也会以横屏的方式进行拍摄。但是，这些视频的封面却设置成了竖屏封面，而且最终的显示效果还比较好。

如果运营者看得仔细的话，就会发现这些视频的封面并非是直接用横屏拍摄的视频画面设置成视频封面的，而是在原视频画面的基础上进行了一些处理，让画面更加适合以竖屏的形式进行展示。

很多用户都习惯直接用竖屏刷视频，因此当他们看到需要横屏呈现的封面时，很可能只看一眼就略过了，更不用说点击视频去查看具体内容了。这样一来，用横屏展示封面的视频，点击量等数据就比较难得到保障。在这种情况下，运营者在设置视频封面时，需要充分考虑到平台对视频封面版面的呈现方式，抖音、快手和视频号平台一般使用竖屏浏览，而西瓜视频和 B 站则多使用横屏观看。

### 3.3.7　改善构图，体现画面美感

同样的主体，以不同的构图方式拍摄出来，其呈现的效果也可能会存在较大的差异。对于运营者来说，一个具有美感的视频封面无疑是更能吸引用户目光的。

因此，在制作视频封面时，应该选择用合适的构图方式呈现主体，让视频画面更具美感。图 3-28 所示为不同风格的两个视频封面。左侧的视频封面呈现的事物太多，让人看得眼花缭乱，难以把握具体的主体，这个视频封面在构图方面可以说是失败的。而右侧的视频封面则是用特写的方式来展示减肥动作，用户只要一看视频封面就能快速把握主题，而且整个画面也比较简洁。

图 3-28　不同风格的两个视频封面

### 3.3.8　文字内容，传达有效信息

在视频封面的制作过程中，如果文字说明运用得好，就能起到画龙点睛的作用。然而，现实却是许多运营者在制作视频封面时，对于文字说明的运用还存在各种各样的问题。这主要体现在两个方面：一是文字说明使用过多，封面上文字信息占据了很大的版面，如图 3-29 所示。这种文字说明方式，不仅会增加用户阅读文字信息的时间，而且文字说明已经包含了视频要展示的内容，用户看完视频封面之后，甚至都没有必要再去查看具体的视频内容了。

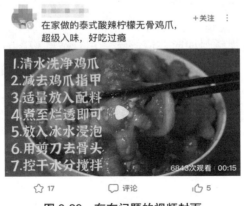

图 3-29　存在问题的视频封面

封面：做好封面图文助你流量暴涨

二是在视频封面中干脆不进行文字说明。这种方式虽然更能保持画面的美观，但是不利于观众想象。其实，要运用好文字说明也很简单，运营者只需尽可能地用简练的文字进行表达，有效地传达信息即可。

图3-30所示为西瓜视频某账号的部分视频封面。该封面在文字说明的运用上就做得很好，这个账号以分享菜品制作过程为主，所以它的视频封面基本上只有菜品的名字。这样一来，用户只需要看封面上的文字，便能迅速判断这个视频是要展示哪个菜品的制作方法。

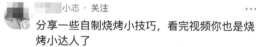

图3-30　文字说明运用得当的视频封面

# 第4章

# 内容：让文案获得用户更多的点击

　　一个优质的视频文案，能够快速吸引用户的注意力，让发布它的视频账号快速增加大量粉丝。

　　那么，如何才能写好视频文案，打造用户感兴趣的内容，做到吸睛、增粉两不误呢？这一章，笔者就来给大家支一些招。

## 4.1 文案类型，7种高超写作技巧

文案的类型不同，要求也不尽相同。运营者要用不同类型的文案向用户呈现最佳的阅读效果，就要对各类文案的写作要求有所了解。本节笔者就来具体介绍7种不同文案的写作技巧。

### 4.1.1 促销文案，优惠信息醒目

促销文案是文案中比较常见的一种，在各大视频平台都能看到。图4-1所示为促销文案的几个特征。

图 4-1 促销文案的特征

图4-2所示为抖音平台上关于口腔清洁产品的视频促销文案。该文案中运用大号的字体对活动信息和优惠信息进行醒目地展示，从而增加对用户的吸引力。

### 4.1.2 新品文案，突出产品卖点

在新产品的文案策划中，创作重点主要是以产品为中心，对产品的相关内容进行全面的展示。实际的内容主要包括6个方面，即提出产品设想、做出产品评价、完成产品测试、实行产品推广、扩充产品市场以及分析产品发展，这些方面也是新品文案中直接体现的重要内容。

图 4-2　抖音视频促销文案

　　而很多新品推出之时，都是以产品的卖点为主，没有卖点就难以吸引消费者的注意力。图 4-3 所示为小米手环在视频号上发布的新品文案。从新品文案中可以看出，此次新款小米手环 6 的卖点主要是拥有全面屏、326PPI 视网膜级显示、14 天超长续航以及 50 米防水功能。

图 4-3　小米手环新品视频号文案

## 4.1.3　节日文案，营造浓厚氛围

　　节日文案相对于其他文案而言，会增添一些喜庆的特色，营造浓厚的节

内容：让文案获得用户更多的点击 👤

日气氛，如中秋节会围绕家庭、团圆以及美好等主题进行文案的设计，春节就会撰写比较热闹、温情的文案。不同的节日文案会有不同的主题和风格，但总体而言离不开节日氛围的打造。

对于运营者而言，节假日是少有的能够吸引大量消费者的时期，在这一时间段开展相关活动往往能够产生事半功倍的效果，所以文案的作用也就更为突出。节日活动文案的作用分析，如图 4-4 所示。

节日文案的作用分析
- 合理利用消费者的休闲时间
- 有利于策划产品的营销活动
- 有利于通过文案统筹营销活动
- 有利于提升营销活动的效果
- 是实现相关活动营销的关键
- 是节假日营销成功的重要条件

**图 4-4　节日文案的作用分析**

要想让节日文案有效地吸引消费者购买产品，就需要把握消费者的心理，知道他们的需求是什么，然后再结合节日的特色之处和优惠信息进行文案的撰写。图 4-5 所示为 vivo 在清明节假期发布的一条抖音视频文案。

**图 4-5　vivo 发布的节日文案**

### 4.1.4 活动文案，提高产品转化

活动文案的打造通常带有一定的目的，这个目的可以分为很多种，具体如图 4-6 所示。

**打造活动文案的目的**
- 提高相关产品的转化率
- 打造品牌的良好形象
- 感化消费者，提升信任度

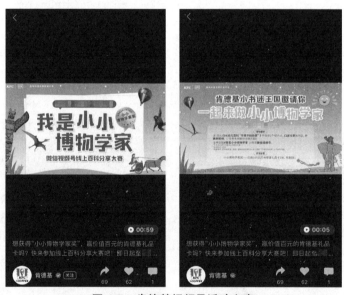

图 4-6 打造活动文案的目的

图 4-7 所示为肯德基视频号的“我是小小博物学家”活动文案。该视频号文案中对活动的相关内容进行了介绍，包括活动时间、活动要求以及奖项设置等，用户可以明确地了解活动的相关信息。

图 4-7 肯德基视频号活动文案

### 4.1.5 个性文案，展示独特风格

在创作文案的过程中，运营者应结合不同行业的特点以及平台用户群体的特性选择适合的风格，打造文案的亮点，从而创作出具有独特风格的个性

文案，给用户带来良好的阅读体验。

图 4-8 所示为 B 站某 UP 主介绍小米手机的视频文案。在这条视频文案中，运营者使用了对仗工整的标题文案，视频中的文字介绍也配上了有趣的表情包和调动情绪的音乐，这便属于带有独特风格的个性文案。

图 4-8　个性文案

## 4.1.6　主题文案，突出视频重点

在进行文案策划时，一定要明确主题，而且还要在表达上突出主题，让用户直接知道你想要传达的信息。因此，一份好的主题文案需要符合以下几点要求，如图 4-9 所示。

图 4-9　主题文案的要求

图 4-10 所示为 OPPO 在抖音发布的新产品主题视频。该视频文案中女孩

和男人两个不同的人物为同一款手机创作了"上手篇"和"上心篇"的主题文案，用户可以根据主题的内容清楚地了解这款手机的外观和亮点，主题文案可以很好地吸引用户的好奇心和注意力。

当然，在突出主题的时候还要注意一些事项，如内容要大于形式、细节不可过多，还要分清主次关系，不然会造成内容布局的混乱。

图 4-10　OPPO 抖音新产品主题文案

## 4.1.7　预告文案，提前展示内容

对于好的内容，可以提前进行预告，这就像每部电影放映前的宣传手段一样，通过提前预告的方式让用户对内容有一定的期待，是非常有效的一种推广运营方式。下面为大家介绍制作预告文案的几个注意事项，如图4-11所示。

图 4-11　制作预告文案的注意事项

在视频平台中，预告文案常见于直播前对直播的内容进行相关介绍的视频。这种预告文案能够起到告知用户直播信息、吸引用户及时观看的作用。

图 4-12 所示为抖音某博主发布的一条直播预告文案。通过文案我们知道了该博主的直播产品和直播时间等信息，用户可以就预告文案的信息提前做好购物准备。

图 4-12　抖音视频预告文案

**专家提醒**
ZhuanJiaTiXing

如果视频预告的效果良好，甚至超出了预期值，那么运营者由此可判断活动很受欢迎，从而提前准备欢迎更多的参与者，同时加大用户福利，提前做好平台人数测试；如果视频预热的效果不佳，那么可能是活动策划有问题，如文案的设计不符合用户定位，用户福利或抽奖赠送力度不够大，活动形式不够吸引人等，运营者要根据实际情况做出调整。

## 4.2　文案表达，10 个思路玩转文字

作为专业的文字工作者，文案创作者需要一定的文字功底。而要想更高效率、更高质量地完成文案任务，除了掌握写作技巧之外，还需要学会玩转

文字，让表达更加符合用户的口味。这一节，笔者就为大家介绍 10 个更好表达文案的方法。

## 4.2.1 思路清晰，保持逻辑顺畅

在文案写作思路中，常用的主要有归纳、演绎、因果、比较、总分和递进等思路，其中应用最为广泛的，主要是归纳、演绎和递进 3 种。而这 3 种写作思路同样都遵循循序渐进的基本要求，保证逻辑的顺畅，其相关分析如图 4-13 所示。

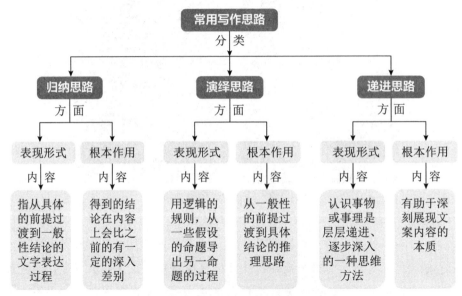

**图 4-13 常用写作思路的相关分析**

## 4.2.2 控制字数，显示全部文案

控制字数，主要是将文案内容的字数控制在一个可以接受的范围内，这是首要的做法。除此之外，就是创造一定的韵律感，这种方式在广告类的文案中比较常见。控制段落字数有突出文字内容的作用，在长篇的文案中采用较多，主要起到强调重点内容的作用，可以让整篇文案显得长短有致。

内容：让文案获得用户更多的点击 👤

　　用一句话作为单独的文案，突出展现内容是文案写作的常用技巧。一句话的模式能够突出内容，也能够使呆板的文案形式变得生动。在文案中，更为常见的就是一句话式的广告文案，文字精练，效果突出，甚至不需要前期的大段文字铺垫，就能够吸引到用户的注意。

　　另外，视频平台中文字介绍部分能够显示的内容是比较有限的，如果文案中的文字介绍过多，那么便不能全文显示出来。这会对用户快速了解视频内容产生一些不利影响。

　　例如，在微信视频号中，如果文案中的文字说明太长，文字说明的后方会出现一个……，用户只有点击文字，才能查看全部内容，如图4-14所示。

图 4-14　点击文字才能显示全部的文案内容

### 4.2.3　数字具化，直观把握内容

　　数字具化是指在文案中呈现出具体的数字，通过数字的形式来概括相关的主题内容。数字不同于一般的文字，它会带给用户比较深刻的印象，让用户更加直观地把握视频内容。将文案数字具化有 3 个好处，具体如下。

　　（1）有效提升视频的点击率。

（2）生动形象，容易吸引用户眼球。

（3）突出文章重点，点明文章结构，使内容一目了然。

数字具化型文案也很容易打造，它是一种概括性的文案，只要做到 3 点就可以撰写出来，如图 4-15 所示。

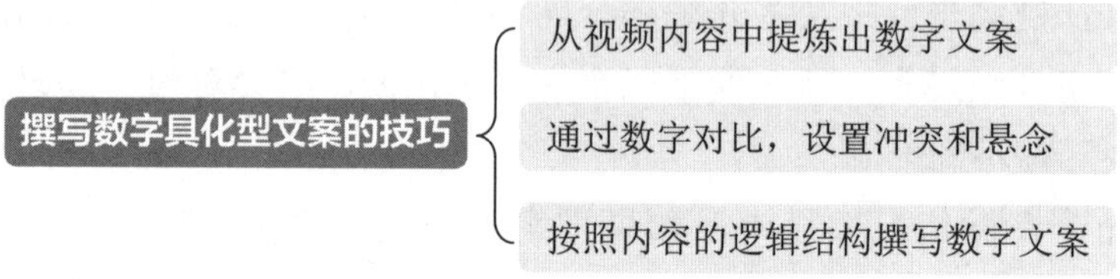

> 撰写数字具化型文案的技巧
> - 从视频内容中提炼出数字文案
> - 通过数字对比，设置冲突和悬念
> - 按照内容的逻辑结构撰写数字文案

**图 4-15　撰写数字具化型文案的技巧**

数字具化型文案比较常见，它通常会采用悬殊的对比、层层的递进等方式呈现，目的是营造一个比较新奇的情景，对用户产生视觉上和心理上的冲击。图 4-16 所示为数字具化型文案的案例。

**图 4-16　数字具化型文案的案例**

事实上，很多内容都可以通过具体的数字总结和表达出来，只要把想重点突出的内容提炼成数字即可。但是需要注意的是，在打造数字具化型文案时，最好使用阿拉伯数字，统一数字格式。

内容：让文案获得用户更多的点击 👤

## 4.2.4　语义通俗，表达简单易懂

文案内容要做到通俗易懂、雅俗共赏。这既是文案的基本要求，也是在文案创作中运营者需要了解的写作技巧之一。从本质上而言，通俗易懂并不是要将文案中的内容省略掉，而是通过文字组合展示内容，让用户在看到文案之后，便心领神会。

图 4-17 所示为快手某美妆护肤账号的视频封面文案，这些文案的特色就比较通俗易懂，让用户一看就能明白视频将要讲哪方面的内容。从通俗易懂的角度出发，我们追求的主要是文字所带来的实际效果，而非文学上的知名度。那么，如何让文字起到更好的实际效果呢？运营者不妨从以下 3 个方面进行考虑。

（1）是否适合要用的媒体。

（2）是否适合产品的市场。

（3）是否适合产品的卖点。

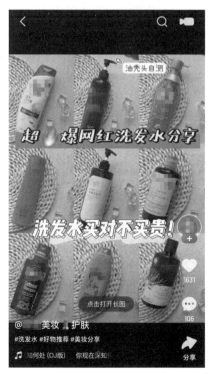

图 4-17　通俗易懂的文案

## 4.2.5　制造悬念，吸引用户注意

好奇是人的天性，制造悬念型文案就是利用用户的好奇心去打造的。文案中的悬念是一个诱饵，引导用户查看视频的内容，因为大部分人看到文案里有没被解答的疑问和悬念，就会忍不住进一步弄清楚到底怎么回事，这就是制造悬念型文案的套路。

制造悬念型文案在日常生活中运用得非常广泛，也十分受欢迎。人们在看电视、综艺节目的时候，也会经常看到节目预告之类的广告，这些广告就是采取这种悬念型的文案去引起观众的兴趣。利用悬念撰写文案的方法通常有 4 种，如图 4-18 所示。

利用悬念撰写文案的常见方法
- 利用反常的现象造成悬念
- 利用变化无常的现象造成悬念
- 利用用户的欲望造成悬念
- 利用不可思议的现象造成悬念

图 4-18　利用悬念撰写文案的常见方法

制造悬念型文案的主要目的是增加视频的可看性，因此运营者需要注意的一点是，使用这种类型的文案，一定要确保视频内容确实能够让用户感到惊奇、充满悬念的，不然就会引起用户的失望与不满，继而让用户对视频内容，乃至对该账号感到失望。

制造悬念型文案如果仅仅是为了悬念，这样一般只能够博取大众大概 1 ～ 3 次的视觉停留，很难保留长时间的效果。如果内容太无趣、无法达到文案引流的目的，那就是一篇失败的文案，会导致文案营销的活动也随之泡汤。

因此，营销者在设置悬念时，需要非常慎重，最好是有较强的逻辑性，切忌为了悬念"走钢索"，而忽略了文案营销的目的和文案本身的质量。制造悬念是运用得比较频繁的一种文案类型，很多视频都会采用这种方式来引起用户的注意力，从而达到较为理想的营销效果和传播效果。

内容：让文案获得用户更多的点击 👤

## 4.2.6 主题突出，内容一目了然

文案主题是整个文案的生命线，整个文案的成功主要取决于主题突出的效果作为一名运营者，主要职责之一就是设计和突出主题。所以要花时间用心创作以内容为中心的主题，确保用户一看感觉到绝妙。

在任何一个文案中，中心往往是最为醒目的，文字也是较为简洁的，在广告类文案中，甚至只有一句话。图 4-19 所示为某抖音账号的文案，主要是向用户展示一些生活中的小技巧。所以，该抖音运营者在视频的画面上方用较大的文字直接显示视频具体介绍的是哪种妙招。这样一来，视频的主题就一目了然了。

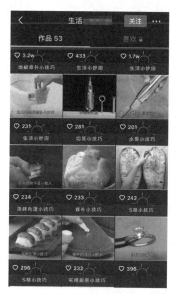

**图 4-19　主题突出的文案**

除了醒目的主题内容之外，文案中的重点信息也应该在一开始就传递给用户，但是因为运营者的能力不同，文案产生的效果也会有所差异。优秀的文案应该是内容简洁、重点突出，形式上不花哨，更不啰唆。

## 4.2.7 少用术语，便于用户理解

专业术语是指在特定领域和行业中，对一些特定事物的统一称谓。在现实生活中，专业术语十分常见，如在家电维修业中将集成电路称作 IC，添加

编辑文件称加编，大企业中称行政总裁为 CEO 等。

从文案写作的技巧出发，往往需要将专业术语用更简洁的方式替代。专业术语的通用性比较强，但是文案中往往不太需要。相关的数据研究也显示专业术语并不适合给大众阅读，尤其是在快节奏化的生活中，节省阅读者时间和精力，提供良好的阅读体验才是至关重要的。

图 4-20 所示为 B 站无人机领域某 UP 主视频文案的部分内容。在这则文案中，有一些行外人看不太懂的词汇，如"炸机""智能刷锅""手动绕飞"以及"提控"等，这样描述就会让一些不太懂行的用户看到该视频之后感到一头雾水。

**图 4-20　B 站无人机的视频文案**

当然，并不是不能使用专业术语，而是要控制使用量，并且适当对专业术语进行解读，把专业内容讲解得通俗化，从而便于用户了解文案中要表达的意思。

## 4.2.8　内容简洁，删除多余描述

成功的文案必定文字简练，失败的文案则原因众多。在可避免的问题中，文字的多余累赘是失败的主因，其导致的结果主要包括内容毫无意义、文字

内容：让文案获得用户更多的点击 👤

说服力弱和问题模棱两可等。

解决多余文字最为直接的方法就是将其删除，这也是强调与突出关键字句最为直接的方法。删除多余的内容对于广告文案来说其实是一种非常聪明的做法。

一方面，多余的内容删除之后，重点内容更加突出，用户能够快速把握运营者要传达的意图；另一方面，多余的内容删除之后，内容将变得更加简练，同样的内容能够用更短的时间进行传达，用户不容易产生反感情绪。

图 4-21 所示为沃尔玛的抖音广告文案。该账户直接将文案设置为活动内容、活动方式以及活动折扣，并没有添加其他多余的内容。

图 4-21　沃尔玛的抖音广告文案

## 4.2.9　紧跟时事，借势热点话题

在文案内容里借助一些社会上的时事热点，不仅能吸引用户的眼球，还可以增加视频的播放量。一般来说，时事热点拥有一大批关注者，而且传播的范围也会非常广。那么在创作借势热点型视频文案的时候，应该掌握哪些技巧呢？笔者认为，可以从这 3 个方面做出努力，如图 4-22 所示。

打造借势热点型文案的技巧
- 时刻保持对时事热点的关注
- 懂得把握文案借势的最佳时机
- 将明星热门事件作为文案内容

**图 4-22　打造借势热点型视频文案的技巧**

值得注意的是，在打造借势型文案的时候，要注意两个问题：一是带有负面影响的热点不要蹭，文案的大方向一定是积极向上、充满正能量的，必须给用户正确的思想引导；二是最好在借势型文案中加入自己的想法和创意，将视频内容与之相结合，做到借势和创意的完美同步。

例如，根据网友们平时讨论比较多的热点话题打造文案，用户对这类文案是比较有兴趣的。所以，紧扣热点的文案能增加视频的点击量，获得用户的点赞和评论。

运营者可以根据各大视频平台的实时热门搜索去寻找热点。例如，网友们对"凡尔赛"这个话题展开了热烈的讨论，而且热度一直不减。看某部电视剧或者某个综艺节目，甚至是生活中遇到的某个人，都会进行讨论分析，甚至还有网友总结出了"凡尔赛文学"。图 4-23 所示为抖音运营者们根据"凡尔赛"这一热门话题发布的视频，发布之后获得了不少用户点赞。

**图 4-23　围绕热点"凡尔赛"打造的文案**

还有脱发这类持续时间比较长的热门话题，也是很多网友喜欢调侃自己或者他人的点，运营者根据这类话题写视频文案，然后搭配偏调侃的视频内容，会比较容易吸引用户。

## 4.2.10 立足定位，精准打造文案

精准定位同样属于文案的基本要求之一，每一个成功的广告文案都具备这一特点，即了解自己的目标受众，根据自己目标受众人群的属性，打造精准的文案，以利于用户接受，达到想要的效果。

图 4-24 所示为某专门介绍 Office 技巧的视频号。该运营者发布的视频和文案就写得比较精准，将具体的技巧与图标相结合，用户看到视频之后就可以具体学习。

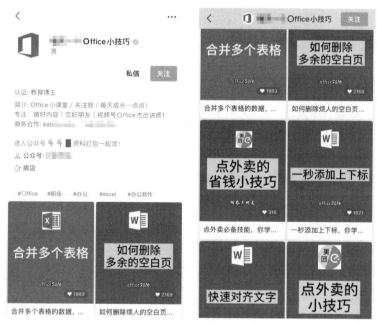

图 4-24 立足视频定位的文案

这类文案虽然简单，但是精准，这对于视频来说是非常加分的。视频文案很明确地指出了目标受众是什么人群，这样能够快速吸引大量对这类内容感兴趣的用户的目光，获得他们的喜爱。

当然，运营者首先需要知道自己的目标受众是谁。一般情况下，运营者

在拍摄视频初期就会确定自己所拍摄视频的目标受众，然后再根据目标受众的特征属性和视频内容来撰写文案。那运营者需要如何精准地进行内容定位呢？可以从 4 个方面入手，如图 4-25 所示。

文案表达主要有 7 个方面的要求，具体为词语优美、方便传播、易于识别、内容流畅、契合主题、易于记忆以及突出重点。

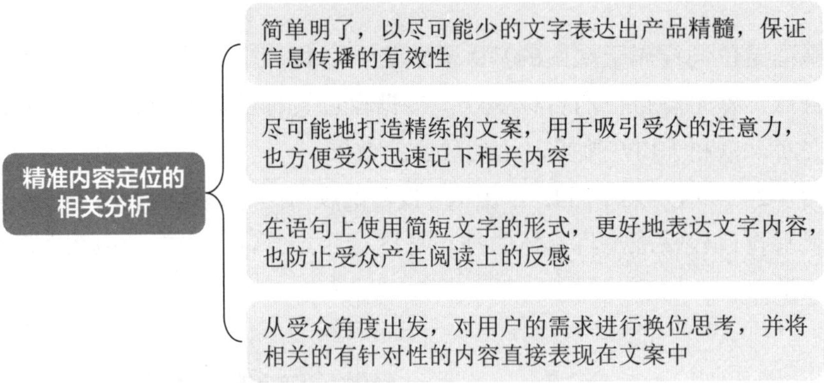

**精准内容定位的相关分析**

简单明了，以尽可能少的文字表达出产品精髓，保证信息传播的有效性

尽可能地打造精练的文案，用于吸引受众的注意力，也方便受众迅速记下相关内容

在语句上使用简短文字的形式，更好地表达文字内容，也防止受众产生阅读上的反感

从受众角度出发，对用户的需求进行换位思考，并将相关的有针对性的内容直接表现在文案中

图 4-25　精准内容定位的相关分析

## 4.3 文案写作，6 个误区及时避免

与硬广告相比，视频文案可以提高品牌的知名度、美誉度。然而，想要撰写出一个好的视频文案并非易事，它对写作者的专业知识和文笔功底有着很高的要求。

不少运营者和文案编写人员在创作文案时，往往因为没有把握住文案编写的重点事项而以失败告终。本节就盘点一下文案写作过程中需要注意的 6大禁忌事项。

### 4.3.1　中心不明，表达偏离主题

有的运营者在撰写文案时，喜欢长篇大论，能用一句话表述清楚的，非要用一段话去阐述。这样不仅让文案内容变得复杂冗长，还可能会令读者嗤之以鼻。文案是视频内容的一种表达方式，它应该直接简单地将信息传递给

内容：让文案获得用户更多的点击 👤

目标用户，过度地赘述、绕圈子，难以让用户清楚文案的目的和内容，也容易降低推广度。

文案是为推广服务的，因而每篇文案都应该明确主题内容和创作目的，始终围绕中心创作。然而，有的运营者在创作文案时偏题漏要点，忽略了文案推广的真正目的，导致用户不明所以，营销力度也会远不如预期。

运营者在进行文案策划时，一定要明确中心主题，而且，还要在表达上突出主题，让用户直接知道你想要传达的信息。因此，一份好的主题文案需要符合以下几点要求，如图 4-26 所示。

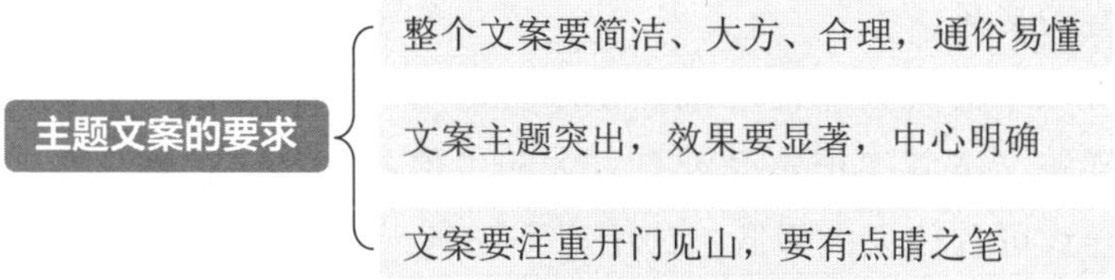

**主题文案的要求** ⎰ 整个文案要简洁、大方、合理，通俗易懂

文案主题突出，效果要显著，中心明确

文案要注重开门见山，要有点睛之笔

图 4-26　主题文案的要求

图 4-27 所示为某运动品牌广告文案的部分内容，笔者只是在原文案的基础上去掉了品牌 LOGO。从这个处理后的文案中，你能看得出这是哪个品牌的营销文案吗？相信绝大部分人是看不出来的。

图 4-27　某运动品牌广告文案的部分内容

广告文案的主要目的是营销，而如果在一个文案中看不到品牌，也看不到任何营销推广的意图，那么这就是一则典型的中心主题不明确的文案。

## 4.3.2  记流水账，没有吸睛亮点

文案写作不需要有很多内容，只需要有一个亮点即可，这样的文案才不会显得杂乱无章，并且更能扣住主题。不管是怎样的文案，都需要选取一个细小的点来展开叙述，选择一个亮点，才能将文字围绕主题聚合起来，形成一个有价值的文案。

如今，很多的文案在传达某一信息时，看上去就像记流水账一般，毫无亮点，这样的文案其实根本就没有太大的价值，并且这样的文案内容叙述较多，往往导致可看性大大降低，让用户不知所云。

## 4.3.3  有量没质，敷衍完成任务

文案相对其他营销方式成本较低，也有一定的持久性，一般文案成功发布后就会始终存在，除非发布的那个网站倒闭了。当然，始终有效并不代表马上就能见效，于是有的运营者一天会发几十个文案到视频平台。

事实上，文案营销并不是靠数量就能取胜的，更重要的还是质量，一个高质量的文案胜过十几个一般的文案。然而事实却是，许多运营者把视频文案的发布当成一个任务，为了保证推送的频率，宁可发一些质量相对较差的文案。

比如，有的运营者几乎每天都会发布视频，但自己的原创内容却很少。而这种不够用心的低质量文案推送策略，所导致的后果往往就是内容发布出来之后却没有多少人看。

除此之外，还有部分运营者仅仅将内容的推送作为一个自己要完成的任务，只是想着要按时完成，而不注重内容是否可以吸引到目标用户。像这一类的文案，质量往往没有保障，并且点击量等数据也会比较低，如图 4-28 所示。

内容：让文案获得用户更多的点击 👤

**图 4-28　点击量等数据较低的文案**

针对"求量不求质"的运营操作误区，运营者应该怎样避免呢？办法有两个，具体如下。

● 加强学习，了解文案营销的流程，掌握文案撰写的基本技巧。

● 聘请专业的文案营销团队，因为他们不像广告公司和公关公司那样业务范围比较广，他们专注于文案撰写，文案质量比较高。

## 4.3.4　书写错误，审核校对不严

所有纸质书籍在出版之前都需要经过严格的审核校对，以保证内容的正确性和逻辑性。尤其涉及重大事件或是国家领导人，如果出现错误就必须追回重印，这将会造成巨大损失。新媒体文案中比较常见的书写错误主要包括：文字错误、数字错误、标点符号错误以及逻辑错误等，为了减少和避免这些错误，运营者必须认真检查校对。下面，笔者就来简单介绍常见的书写错误。

### 1．文字错误

错别字是文案中比较常见的错误，尤其是出现人名、企业名称或商标名

称等的错误时，将会造成巨大的损失和影响。对于营销文案来说，错别字一定程度上会影响文案的质量。

例如，有些报刊将"定价"错印成了"订价"，还错误地解释"订阅价"不是报纸完成征订后的实际定价，好像发布广告时是一个价，到订报纸时是另一个价，这是不符合实际的。

图4-29所示的视频文案中，便是将"其"写成了"奇"，这很容易会让用户觉得你在制作视频文案时不够用心。

**图4-29　多次出现文字错误的文案**

### 2. 数字错误

参考国家《关于出版物上数字用法的试行规定》《国家标准出版物上数字用法的规定》及汉字数字使用的有关要求，使用数字的情况主要有3种，分别是：必须使用汉字、必须使用阿拉伯数字以及可以同时使用汉字和阿拉伯数字，但需要遵守"保持局部体例上的一致"原则。在报刊等文章校对检查中错得最多的就是第三种情况。

例如"4年半"，应为"四年半"，"半"是数词，"四"不能改为"4"；

再如，农历月日误用阿拉伯数字："5 月初 5 端午节"，应改为"五月初五端午节"；"丁丑年 6 月 1 日"应改为"丁丑年六月一日"。此外，世纪和年代也容易误用汉字数字。如"二十世纪末""二十一世纪初"，应写为"20世纪末""21 世纪初"。

此外，较为常见的还有数字丢失，如"中国人民银行 2021 年第一季度社会融资规模增量累计为 10.24 亿元"。我们知道，一个大型企业每年的信贷量都在几十亿元以上，那么，整个国家的货币供应量怎么可能才"10.24 亿元"？所以，根据推测应该是丢失了"万"字，应为"10.24 万亿元"。

### 3. 标点错误

无论是撰写哪种类型的文案，运营者都要尽力避免标点符号错误，常见的标点符号错误如图 4-30 所示。

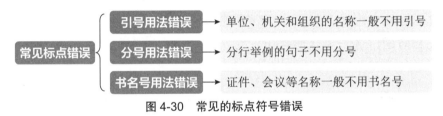

图 4-30　常见的标点符号错误

### 4. 逻辑错误

逻辑错误主要指文案的主题模糊，全文逻辑关系混乱，存在观点与表达相互矛盾的情况。

## 4.3.5　脱离市场，忽略用户需求

文案，多是关于企业产品和品牌的内容，这些产品和品牌是处于具体市场环境中的产品，所针对的目标受众也是处于市场环境的具有个性特色的消费者。因此，脱离市场，闭门造车，其结果必然是失败的。

所以，在编写和发布文案时，运营者必须进行市场调研，了解产品情况，才能写出切合实际、能获得消费者认可的文案。在文案编写过程中，应该充分了解产品，具体分析如图 4-31 所示。

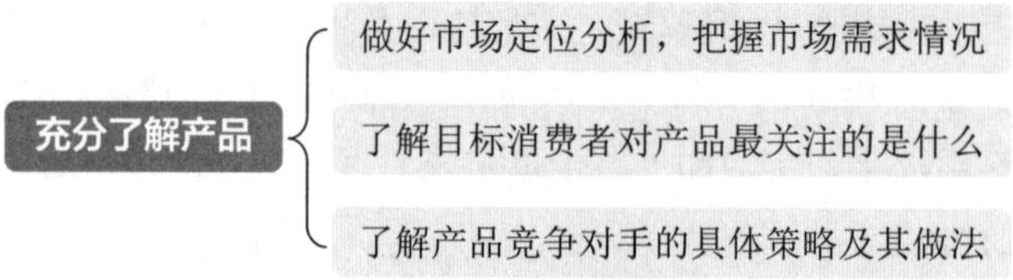

图 4-31　充分了解产品的相关分析

而从消费者方面来说，应该迎合消费者的各种需求，关注消费者感受。营销定位大师特劳特曾说过："消费者的心是营销的终极战场。"那么文案也要研究消费者的心智需求，也要从这里出发，具体内容如下。

### 1. 安全感

人是趋利避害的，内心的安全感是最基本的心理需求，把产品的功用和安全感结合起来，是说服客户的有效方式。比如，新型电饭煲的平台销售文案说，这种电饭煲在电压不正常的情况下能够自动断电，能有效防范用电安全问题。这一要点的提出，对于关心电器安全的家庭主妇一定是个攻心点。

### 2. 价值感

得到别人的认可是一种自我价值实现的满足感。将产品与实现个人的价值感结合起来可以打动客户。脑白金打动消费者的恰恰是满足了他们孝敬父母的价值感。例如，销售豆浆机的文案可以这样描述："当孩子们吃早餐的时候，他们多么渴望不再去街头买豆浆，而喝上刚刚榨出来的纯正豆浆啊！当妈妈将热气腾腾的豆浆端上来的时候，看着手舞足蹈的孩子，哪个妈妈会不开心呢？"一种做妈妈的价值感油然而生，会激发为人父母的消费者的购买意向。

### 3. 支配感

"我的地盘我做主"，每个人都希望表现出自己的支配权力。支配感不仅是对自己生活的一种掌控，也是源于对生活的自信，更是文案要考虑的出发点。

### 4. 归属感

归属感实际就是标签，你是哪类人，无论是成功人士、时尚青年，还是小资派、非主流，每个标签下的人都有一定特色的生活方式，他们使用的商品、他们的消费都表现出一定的文化特征。

## 4.3.6  不能坚持，运营半途而废

文案营销的确需要通过发布文案来实现，如果把平台文案运营比作一顿丰盛的午餐，那么，文案的干货内容就是基本的食材，文案的编写是食材的相互组合和制作，文案的发布就是餐盘的呈现顺序和摆放位置。这些都是需要有一个全盘的策划，平台文案营销也是如此。

文案营销需要有一个完整的整体策划，需要根据企业的行业背景和产品特点策划文案营销方案，根据企业的市场背景做媒体发布方案、文案创意人员策划文案等，而不仅仅是文案的发布这一个行为。

对于文案营销推广，有的人一天发好多篇，天天在发；但也有的人一年发一次、两次。笔者了解到，许多运营者觉得文案可以带来一些口碑，但是直接带来的客户还是比较有限的，因此许多人只是在工作之余才发几篇文案。

其实，文案营销是一个长期过程，别想着只发一个文案就能带来多少的流量，带来多么多的效益，也不是"三天打鱼，两天晒网"，今天发几个，下个月想起来了再发几个，毫无规律。

文案营销，从实质上来说，并不是直接促成成交，但长期有规律的文案发布可以提升企业品牌形象，提高潜在客户的成交率。所以，要想让文案营销对受众产生深刻的影响，还得长期坚持文案推送。

潜在用户一般是通过广告认识企业，但最终让他们决定购买的往往是长期的文案催化，当用户长期见到这个品牌文案，就会不知不觉地记住它，潜意识里会形成好印象，最后当用户需要相关产品时，就会购买了。

因此，在视频平台的运营中，文案的编写和发布是不能缺乏长期坚持的，"坚持就是胜利"对文案营销而言，并不只是说说而已，它要求运营者去具体地实施，并在这一过程中达到胜利的目标。对于坚持过程而言，它有两个方面值得运营者注意，一是方向的正确性，二是心态与行动的持续性，具体内容如下。

（1）方向的正确性。只有保证在坚持的过程中方向的正确性，才不会有与目标南辕北辙的情况出现，才能尽快地实现营销目标。在文案营销中，方向的正确性具体可表现在市场大势的判断和营销技巧、方式的正确选择上。

（2）心态与行动的持续性。在文案营销过程中，必须在心态上保持不懈怠、行动上继续走下去，才能更好地获得成功。视频运营者要想获得预期的文案营销效果，长久、坚持不懈地经营可以说是不可或缺的。

| 第5章 |

# 脚本：将主题简洁完整地
# 表达出来

我们拍摄短视频的时候常常不知道如何下手，拍出来的
画面也很显琐碎，没有亮点，这是因为我们缺少了脚本思维。
脚本是拍摄前对视频的规划，包含分镜头、故事线以及文案等。
本章主要介绍视频脚本的相关内容，如脚本编写、剧情策划、
脚本分镜、脚本模型以及脚本内容的写作技巧等。

## 5.1 脚本编写，3 个技巧提高视频播放量

编写视频脚本是有技巧的，如果运营者掌握了脚本编写的技巧，那么根据编写的脚本制作出的视频就能够获得较为可观的播放量，其中优质视频的播放量甚至可以达到 10W ＋。视频脚本具体的编写技巧有哪些呢？这一节笔者就来分别进行解读。

### 5.1.1 视频脚本，主要的 3 大类型

视频脚本大致可以分为 3 大类型，每种类型各有优缺点，其适用的视频类型也不尽相同。运营者在脚本编写的过程中，只需根据自身情况，选择相对合适的脚本类型来编写即可。接下来，笔者就来对视频脚本的 3 大类型进行简单的说明。

#### 1. 拍摄大纲脚本

拍摄大纲脚本就是将需要拍摄的要点——列出，并据此编写一个简单的脚本。这种脚本的优势就在于，能够让视频拍摄者更好地把握拍摄的要点，让视频的拍摄具有较强的针对性。

通常来说，拍摄大纲类脚本比较适用于带有不确定性因素的新闻纪录片类视频，还有场景难以预先进行分镜头处理的故事片类视频。如果运营者需要拍摄的视频内容没有太多的不确定性因素，那么这种脚本类型就不太适用了。

#### 2. 分镜头脚本

分镜头脚本就是将一个视频分为若干个具体的镜头，并针对每个镜头安排内容的一种脚本类型。这种脚本的编写比较细致，它要求对每个镜头的具体内容进行规划，包括镜头的时长、景别、画面内容和音效等。

通常来说，分镜头脚本比较适用于内容可以确定的视频，如故事性较强

的视频。而内容具有不确定性的视频，则不适用这种脚本类型，因为在内容不确定的情况下，分镜头的具体内容也是无法确定下来的。

### 3. 文学脚本

文学脚本就是将小说或各种小故事进行改编，并以镜头语言的方式来进行呈现的一种脚本形式。与一般的剧本不同，文学脚本并不会具体指明演出者的台词，而是将视频中人物需要完成的任务安排下去。

通常来说，文学脚本比较适用于拍摄改编自小说或小故事的视频，以及拍摄思路可以控制的视频。也正是因为拍摄思路得到了控制，所以按照这种脚本拍摄视频的效率也比较高。当然，如果拍摄的内容具有太多的不确定性，拍摄的思路无法控制，那么就不适合使用这种脚本了。

## 5.1.2　脚本内容，确定整体的思路

在编写脚本之前，运营者还需要做好一些前期的准备，确定视频的整体内容思路。具体来说，编写脚本需要做好的前期准备如下。

（1）拍摄的内容。每个视频都应该要有明确的主题，以及为主题服务的内容。而要明确视频的内容，就需要运营者在编写脚本时先将拍摄的内容确定下来，列入脚本中。

（2）拍摄的时间。有时候拍摄一条视频涉及的人员可能比较多，此时，就需要确定拍摄时间，来确保视频拍摄工作的正常进行。另外，有的视频内容可能对拍摄时间有一定要求，这类视频的制作也需要在编写脚本时就将拍摄时间确定下来。

（3）拍摄的地点。许多视频对于拍摄地点都有一定要求，视频是在室内拍摄，还是在室外拍摄；是在繁华的街道拍摄，还是在静谧的山林拍摄，这些都应该在脚本编写时确定下来。

（4）使用的背景音乐。背景音乐是视频内容的重要组成部分，如果背景音乐用得好，甚至可以成为视频的点睛之笔。因此，在编写脚本时，就可以选择适合视频的背景音乐。

### 5.1.3 脚本编写，创作的 3 个步骤

视频脚本的编写是一个系统的工程，一个脚本从空白到完成的整体构建，需要经过 3 个步骤，具体如下。

#### 1. 确定主题

确定主题是视频脚本创作的第一步，也是关键性的一步。因为只有主题确定了，运营者才能围绕主题策划脚本内容，并在此基础上将符合主题的重点内容针对性地展示给核心目标用户。

#### 2. 构建框架

主题确定之后，接下来需要做的就是构建起一个相对完整的脚本框架。例如，可以从人物、时间、地点、事件以及结果的角度，勾勒视频内容的大体框架。

#### 3. 完善细节

内容框架构建完成后，运营者还需要在脚本中对一些重点的内容细节进行完善，让整个脚本内容更加的具体化。

例如，从人物的角度来说，运营者在脚本编写的过程中，可以对视频中出镜人员的穿着、性格特征和特色化语言进行策划，让人物更加形象和立体化。

## 5.2 剧情策划，两个设定把握人物场景

剧情策划是脚本编写过程中需要重点把握的内容。在策划剧情的过程中，运营者需要从两个方面做好详细的设定，即人物设定和场景设定。

### 5.2.1 人物设定，构建立体形象

人物设定的关键就在于通过人物的台词、情绪的变化以及性格的塑造等方面，来构建一个立体化的形象，让用户看完视频之后，就对视频中的相关

脚本：将主题简洁完整地表达出来 👤

人物留下深刻的印象。除此之外，成功的人物设定，还能让用户通过人物的表现，对人物面临的相关情境更加的感同身受。

旁白和台词是表现人物形象的重要组成部分，出彩的人物对话，能够对剧情起到推动作用。因此，运营者在编写脚本时需要对人物对话多一份重视，一定要结合人物的形象来设计对话。

有时候为了让用户对视频中的人物留下深刻的印象，运营者甚至需要为人物设计有特色的口头禅。那么，运营者如何提高旁白和台词的写作能力呢？主要可以从以下7个技巧出发。

（1）台词念出来

耳朵对这些内容的灵敏度比眼睛要高得多，自己读出来，或者找人朗读脚本。如果写的台词长到要很长时间才能念完，或听上去有令人难以理解的东西，那就应该立即更改。

（2）拒绝演讲稿

演讲稿模式的对白台词，会把视频的故事节奏彻底打乱，导致成片播放时让看到的用户感到极其不自然，很容易出戏，没有人愿意看大篇幅的演讲报告。

（3）注意角色姓名

在正常的对话中，人们不会一次次地指明对方姓名，尤其只有两个对话人的时候。除非因为特别的目的而提到姓名（如说明、警告）时，姓名都应该被省略。

（4）注意台词词性

运营者在创作脚本时最好不用副词，减少语气的提示用语（如愤怒地、高兴地、伤心地）。因为如果对话写得好，副词就是多余的，更别提这些词白白地占用了那么多的宝贵时间。

（5）别过分"接地气"

千万别过分追求"接地气"，要使用标准用语书写方言。很多新人认为，他们写家乡话是件很合潮流的事情，但事实往往背道而驰。

（6）注意角色特点

比如将同一角色带有口音的对话都标出来，对每一个角色都应采用这个方法。长时间写作一个脚本的时候，运营者很容易忘记角色之前的口音，最后很可能会将角色的特点弄混淆。

（7）果断删减

删除不推动剧情、不能揭示角色性格，也不能解决剧中矛盾的对话。尽管这种对话在生活中十分常见，但在撰写脚本时需要注意，如果这种对话没有什么实际意义，就不应该出现在脚本上。

## 5.2.2　场景设定，打造具体画面

场景的设定不仅能够对视频内容起到渲染作用，还能让视频的画面更加具有美感，更能吸引用户的关注。具体来说，运营者在编写脚本时，可以根据视频主题的需求，对场景进行具体的设定。例如，要制作宣传厨具的视频，便可以在编写脚本时，把场景设定在一个厨房里。

运营者在剧情策划阶段一定要明确定位视频的主题，首先可以进行市场调研，对网络中比较火爆的视频内容和其他视频平台进行调研和统计；其次，还要关注用户的需求，并将视频的看点和应用场景无缝衔接。

## 5.3 ▶ 脚本分镜，两个方式完美策划内容

脚本分镜就是在编写脚本时将视频内容分割为一个个具体的镜头，并针对具体的镜头策划内容。通常来说，脚本分镜主要包括分镜头的拍法（包括景别和运镜方式）、镜头的时长、镜头的画面内容、旁白和背景音乐等。

脚本分镜实际上就是将视频拍摄这个大项目，分为一个个具体可实行的小项目（即一个个分镜头）。因此，在策划分镜头内容时，不仅要将镜头内容具体化，还要考虑到分镜头拍摄的可操作性。本节将主要介绍分镜头的拍法。

### 5.3.1　选择景别，展现精彩画面

景别是指由于镜头与拍摄物体之间距离的不同，造成物体在镜头中呈现出范围大小的区别。通常来说，景别可具体分为远景、全景、中景、近景和特写。不同景别的呈现效果也不尽相同，因此，在编写脚本时，运营者需要为分镜头选择合适的景别。接下来，笔者就以人物的拍摄为例来进行具体的说明。

脚本：将主题简洁完整地表达出来 👤

　　远景就是指拍摄人物时，将人物和周围的环境都拍摄进去，在镜头中进行全面的呈现，如图5-1所示。

　　全景则是指拍摄人物时，把人物进行完整地呈现，它与远景的不同就在于注重对人物的展示，而不会将周围的环境都拍摄进去，如图5-2所示。

图5-1　远景

图5-2　全景

　　中景就是指将人物的一部分（通常是一半左右）进行展示，例如，要在镜头中展示人物的手部动作和面部表情，会把膝盖或腰部以上的部位拍摄进去，此时呈现在画面中的就是中景，如图5-3所示。

　　近景就是在中景的基础上进一步拉近镜头，让人物的相关部位更好地进行展示。例如，将人物胸部以上呈现至画面中就属于近景，如图5-4所示。

图5-3　中景

图5-4　近景

特写就是针对某个具体的部分进行细节的展示。图 5-5 所示为人物的头部和手部特写。

图 5-5　特写

**专家提醒**
ZhuanJiaTiXing

在进行脚本分镜时，不同景别按照一定的规则匹配在一起，可以令用户产生鲜明而强烈的情绪感受。这种情绪从强度上来说，可以是逐渐加强的，也可以是逐渐减弱的，甚至可以是忽强忽弱的。只要运营者进行有章法地匹配，就可以让不同的镜头承载不同的情绪，以此达到感染用户的目的。

## 5.3.2　运镜技巧，呈现最佳效果

运镜方式就是指拍摄视频时镜头的运动方式。不同的运镜方式拍摄出来的同一对象，效果可能也会呈现出较大的差异。因此，运营者在编写脚本时，需要了解常用的运镜技巧，并为视频选择合适的运镜方式。下面，笔者就来对常见的运镜方式进行解读。

### 1. 推拉

推拉是指将摄像机（或手机）固定在滑轨和稳定器上，并通过推进或拉远镜头来调整镜头与拍摄物体之间的距离。

视频号运营者拍摄城市建筑时，先是拍摄了一个中景，接下来逐渐缩小画面内的景象，如图 5-6 所示。在此过程中，使用的运镜方式就是拉远镜头。

脚本：将主题简洁完整地表达出来 👤

图 5-6　拉镜头

## 2. 摇

摇是指从左向右摇动摄像机（或手机）来进行拍摄的方法。这种运镜方式常用于拍摄主体范围比较大时逐步地对拍摄主体进行呈现，或者当拍摄的主体移动时，跟踪拍摄主体，让拍摄主体出现在镜头的画面中。

视频号运营者在拍摄城市夜景时，因为无法将建筑全部放进一个画面中，所以就通过从左向右摇动镜头来进行拍摄，如图 5-7 所示。

图 5-7　摇镜头

### 3. 升降

升降是指将摄像机（或手机）固定在摇臂上，让摄像机（或手机）竖直向上或向下进行运动。抖音运营者在拍摄城市夜景时，先是拍摄底部矮小的建筑，然后再将镜头慢慢上升，拍摄更高的建筑，这种方式就是升镜头，如图 5-8 所示。

图 5-8　升镜头

### 4. 俯仰

俯仰是指在机身位置不发生变化的情况下，将摄像机（或手机）向上或向下倾斜拍摄。这种运镜方式可以让被拍摄的主体在镜头中"变大"或"缩小"，从而显示出被拍摄物体的高大或瘦小。图 5-9 所示为俯拍和仰拍人物的案例。

图 5-9　俯拍和仰拍

脚本：将主题简洁完整地表达出来 👤

## 5.4 脚本模型，3 个步骤制作万能模板

运营者在创作剧情脚本时，把握了剧情结构设置的技巧，就能实现创作自由，轻松写出让用户看了还想看的短视频剧情。下面，笔者就给大家介绍如何只用 3 个步骤，创作出剧情脚本的万能模板。

### 5.4.1 提出问题，引发用户好奇

创作剧情脚本的第一步，就是在片头提出问题或设置冲突。开头首先介绍故事的起因、主要人物、内容主题以及内容背景等信息，为故事的后续发展留下伏笔和悬念。

在短视频剧情脚本的设置上，一开始直接展示问题和矛盾，比传统电视剧带给用户的观感更加刺激。因为视频时间短、节奏快，在开头 3 ～ 5 秒内就要吸引眼球，否则用户就会没有兴趣继续观看。图 5-10 所示为快节奏开头的视频。

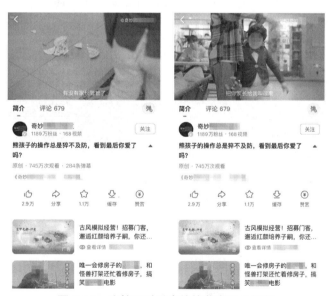

**图 5-10　比较吸引用户的快节奏开头视频**

在这则西瓜视频的剧情短视频中，第一幕就是在咖啡店内，一个小男孩将女顾客杯子打碎和男顾客手机摔碎的情节。熊孩子在公共场合调皮捣蛋，

惹得顾客提起熊孩子就要教训一顿。仅仅几秒就展现了冲突与矛盾，瞬时引爆剧情话题，几个行为就能体会到这则视频对热点话题的灵敏捕捉。

那么运营者该如何在短时间内更好地展现矛盾和冲突呢？关键就是要打破用户平静的心理状态，可以利用"熟悉＋意外"的公式。"熟悉"的场景和对话等要素，能让用户快速被带入情境，突如其来的"意外"，会打破用户的常规思维，带来意想不到的惊喜，让用户对接下来的剧情产生浓厚的兴趣。

## 5.4.2　制造矛盾，刺激用户情绪

创作剧情脚本第二步是制造矛盾，刺激用户情绪。此时人物之间的矛盾不断加深，情节上也突然变化。一般来说，短视频的剧情紧凑，但还是应该让剧情丰富些，只有跌宕起伏的剧情才能带动用户的情绪。

以上面的剧情视频为例。第二幕展现的是熊孩子妈妈与男顾客协商沟通时，提到可以报警处理，这时女顾客突然大喊抓小偷，店内的几名男生则拉扯着女顾客一起去抓小偷，熊孩子则阻拦说这几名男生是一个团伙，主要人物陷入激烈的争执中。同时，小偷也被其他好心群众和警察抓获归店，接着戏剧化地解释了熊孩子捣蛋的理由：熊孩子发现小偷同伙在女顾客的杯子里下药，男顾客则用手机进行偷拍，店内的监控可以说明一切，如图 5-11 所示。

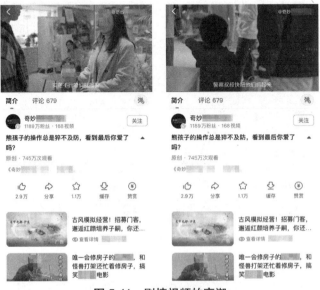

图 5-11　剧情视频的高潮

脚本：将主题简洁完整地表达出来 👤

矛盾冲突的脚本情节设计让视频的内容更加真实和符合逻辑，让故事逐渐走向高潮。在视频里，可以让人物遭遇困境来制造矛盾，比如学生党努力备考却依然落榜、职场新手被压榨欺负以及老友相聚被嘲笑等。

大家对在生活中遇到的困难都是感同身受的，运营者可以根据平时的观察和积累，建立一个素材库，也可以称为"困难清单"。顾名思义，根据故事中人物关系，最有可能遇到什么困难，就越要展现得淋漓尽致。运营者可以根据人物的社会角色来建立"困难清单"，学生、老板、老师、白领、工人以及外卖员等，各种社会角色遇到的困难都是各不相同的，可以创造出无数个精彩的故事。

除此之外，运营者还能根据地点建立"困难清单"，办公室、学校、地铁站、超市以及宿舍等，生活中随处可见的场景，能让故事更深入人心。

## 5.4.3　解决问题，满足用户期待

创作剧情脚本第三步是解决问题，满足用户期待。承接上一步激烈的冲突矛盾，故事的结局部分会将整个剧情推至高潮。

以上面的剧情视频为例，该段视频最终的结局是坏人被制服，小男孩被众人理解与夸奖，"熊孩子猝不及防的有爱操作"这样的结局设定，情理之中，符合观众心中的期待，传播着正能量，如图 5-12 所示。

**图 5-12　剧情视频的结尾**

用户通过视频获得良好的体验后，积压已久的情绪最终得到释放，正能量视频总是能得到用户青睐的原因，就是利用了用户的同理心。用户将自己代入主角的情境，一开始处处不得意，最终能够扬眉吐气，这种剧情极大地满足了用户的需求。

想让用户获得更多新鲜感，运营者可以设置开放式结局，留下悬念引发用户思考，还可以考虑做系列剧情，将故事规模不断扩大，吸引用户关注。

## 5.5 脚本内容，7 个技巧掌握用户需求

运营者要想让自己的视频吸引用户的目光，就要知道用户想的是什么，只有抓住用户的心理，才能增加视频的浏览量。本节笔者总结出用户的 7 种心理，帮助运营者通过满足用户的特定需求来提高视频的吸引力。

### 5.5.1 赏心悦目，抓用户爱美心

做视频运营，一定要对那些热门视频时刻保持敏锐的嗅觉，及时地去研究、分析、总结他们成功背后的原因。不要一味地认为那些成功的人都是运气好，而要思考和总结他们是如何成功的。多积累成功的经验，站在"巨人的肩膀"上运营，才能看得更高、更远，甚至超越他们。

而抓住用户爱美之心是打造热门视频的好方法，就如在各个视频平台上，许多账号运营者都是通过展示美来取胜的。一般来说，用视频展示美可以从帅哥美女颜值、萌人萌物展示、优秀才艺展现和美食美景分享出发。

（1）人物颜值

以抖音为例，有个比较显著的特点就是帅哥美女特别多。推荐的视频内容随便一滑，基本上都可以看到漂亮的小姐姐和帅气的小哥哥。除了一些本身有知名度的明星占据抖音粉丝排行榜前列以外，大多粉丝量高的用户基本颜值都很不错。图 5-13 所示为抖音颜值博主发布的旅行视频。

由点赞量不难看出，颜值是视频营销的一大利器。颜值较高的运营者，就算没有过人的技能，即使拍个唱歌、跳舞的视频也能吸引一些粉丝，如果再加上本身有一定的才艺，那么涨粉速度就更快了。

脚本：将主题简洁完整地表达出来 👤

**图 5-13　抖音颜值博主发布的视频**

高颜值的美女帅哥，比一般人更能吸引用户的目光，毕竟谁都喜欢看美的东西。很多人之所以刷短视频，其实并不是想通过视频学习什么，而是打发一下时间，在他们看来，欣赏帅哥、美女本来就是一种享受。

（2）萌娃展示

萌娃是深受用户喜爱的一个群体。萌娃本身看着就很可爱，而且他们的一些行为举动也让人觉得非常有趣，所以与萌娃相关的视频，很容易就能吸引大多数用户的目光，如图 5-14 所示。

**图 5-14　快手萌娃相关的视频**

不过运营者需要注意的是，在视频里晒萌娃的同时，需要注意对家庭住址、人物信息和私人电话等相关信息进行保护，以免不法分子利用这些隐私信息对儿童进行拐卖。

（3）萌宠展示

越来越多的人养宠物，甚至将宠物当成家庭的一员。如果能把宠物日常生活中惹人怜爱、憨态可掬的一面通过视频展现出来，就能吸引许多喜欢萌宠的用户前来观看。也正是因为如此，视频平台上新增了一大批萌宠内容的账号。

例如，抖音上一些萌宠账号的内容，就是以记录宠物生活中的趣事为主，因萌宠的可爱有趣，让其粉丝数增长迅猛。图5-15所示为萌宠账号发布的视频。

**图 5-15　抖音萌宠相关的视频**

短视频平台中萌宠类运营者的数量不少，运营者要想从中脱颖而出，得重点掌握一些策划的技巧，具体分析如图5-16所示。

**图 5-16　萌宠视频策划技巧**

（4）优秀才艺展现

才艺包含的范围很广，除了常见的唱歌、跳舞之外，还包括摄影、绘画、书法、演奏、相声以及脱口秀等。只要视频中展示的才艺足够独特，并且能够快速让用户觉得赏心悦目，就很容易上热门，如图 5-17 所示。

图 5-17　短视频中优秀才艺的展现

才艺展示是塑造个人 IP 的一种重要方式。而 IP 的塑造，又可以吸引大量精准的用户，为 IP 的变现提供良好的基础。因此，许多拥有个人才艺的运营者都会注重通过才艺的展示来打造个人 IP。

（5）美食美景分享

关于"美"的话题，从古至今，就有许多与之相关的成语，如沉鱼落雁、闭月羞花以及倾国倾城等，除了表示其漂亮外，还附加了一些漂亮所引发的效果在内。当然，这里的"美"并不仅仅是指人，它还包括美食、美景等。运营者可以通过在视频中将美食和美景进行展示，让用户共同欣赏。

从美食方面来说，"吃穿住用行"为人的五大需求，而"吃"在这五大需求的首位，显而易见"吃"对人的重要性，所以美食对用户也会有很大的吸引力。运营者可以通过食物自身的美，再加上高深的摄影技术，如精妙的画面布局、构图和特效等，打造一个高质量的视频，如图 5-18 所示。

从美景方面来说，独特的自然景观或者风土人情本身就有美的优势，很多摄影爱好者也都喜欢去抓拍美景，如图 5-19 所示。运营者可以把城市中每个具有代表性的风景、建筑和工艺品高度地提炼出来，配以特定的音乐、滤镜、特效和地址设置，打造出专属于这座城市的视频，为城市宣传找到新的突破口。

用户通过宣传城市的视频，能更加了解到该城市的美景和文化，从而对这座城市产生兴趣，并愿意亲自前往进行感受。短视频的发展为许多城市带来了发展机遇，已经有不少城市开始借助短视频来打造属于自己的 IP。

图 5-18　视频号美食相关的视频

图 5-19　抖音美景相关的视频

## 5.5.2 情感共鸣，感用户同理心

在这个多姿多彩的社会，大部分人都为了自己的生活在努力奋斗着。漂泊在异乡，他们与身边人的感情也都是平淡的，生活中、工作上遇见的糟心事也无处诉说。渐渐地，很多人养成了从短视频中寻求关注与安慰的习惯。

短视频是一个能包含很多内容的载体，其自身的很多特点，比如无须花费太多金钱，或者是无须花费过多脑力，是一种所有人都能享受的"平价物"。因为短视频里面所表达的情绪大都能够包含用户的普遍情况，所以用户遇到有心灵情感上的问题的时候，更愿意通过刷短视频来舒缓压力或是释放情绪。

现在很多点击量高的情感类视频也就是抓住了用户的这一心理，通过能感动用户的内容来提高视频的热度。许多用户想要在视频当中寻求到一定的心灵抚慰，从而更好地投入生活、学习或者是工作当中。

因此在策划视频脚本的时候，便可多策划一些能够温暖人心、给人关注与关怀的内容。运营者可以通过内容打动用户，也就是借助内容对用户进行心灵情感上的疏导或排解，从而达到视频引起用户共鸣的效果。我们可以通过好人好事和优良品质这两个方面内容来激发用户的同理心。

（1）好人好事

好人好事包含的范围很广：它既可以是见义勇为，为他人伸张正义；也可以是拾金不昧，主动将财物交还给失主；还可以是看望孤寡老人，慰问环卫工人。图 5-20 所示为通过西瓜视频展示好人好事的内容。

**图 5-20  西瓜视频好人好事案例**

　　用户因为某事某物而感动，往往是借此看到了世界上美好的一面，或者是看到了自己的影子。人的情绪很复杂，喜悦、发怒、哀怨和悲伤等这些情绪是人最基本的也是最容易被调动的情绪。

　　生活中处处充满美好，缺少的只是发现的眼睛，用心记录生活，生活也会时时回馈给你惊喜。有时候运营者可以仔细去观察这个世界，会发现一些平时不曾发现的东西。当用户看见那些传递温暖、含有关怀意蕴的视频时，自身也会有一种被温暖、被照顾、被关心的感觉，会从那些好人好事上看到善意，感觉到这个社会的温度，所以这种短视频很容易触及用户柔软的内心。

　　大部分人都是感性的、容易被情感左右的。这种感性不仅仅体现在真实的生活中，还体现在他们在看视频时也会倾注自己的感情。这也是很多人在看见有趣的视频时会捧腹大笑，看见感人的视频时会心生怜悯而流下泪水，看见宣扬优良品质的视频时会心生敬佩而向榜样看齐的原因。

　　（2）优良品质

　　优良品质的类型有很多，如拼搏精神，当用户看到短视频中那些努力拼搏的身影时，会感受到满满的"正能量"，这会让用户在深受感染之余，从内心产生一种认同感。图5-21所示为西瓜视频展示优良品质的内容。

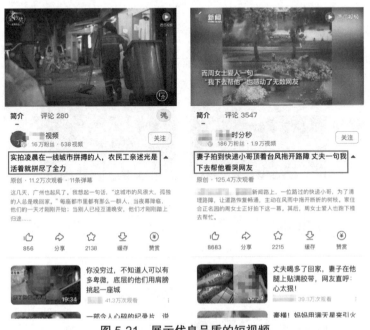

图 5-21　展示优良品质的短视频

一个成功的视频脚本策划，需要做到能满足用户的同理心需求，打动用户，引起用户的共鸣。而视频要想激发用户的同理心，运营者就要精心选择那些容易打动用户的话题或是内容。只要视频的策划是从人内心情感或是从内心情绪出发的，那么制作出的视频就很容易调动用户的同理心，从而激发用户观看视频内容的兴趣。

### 5.5.3 幽默搞笑，排用户消遣心

现如今，大家在碎片时间都会掏出手机刷微博、逛淘宝、浏览微信朋友圈，以及观看短视频来满足自己的消遣心理。各种各样的视频中，以传播搞笑、幽默内容为目的的短视频能让人感到轻松、快乐，会比较容易满足用户消遣的心理需求，笑点十足的内容很容易就能得到大量用户的点赞。图 5-22 所示为抖音幽默搞笑型视频。

**图 5-22　抖音幽默搞笑型视频**

该视频以给不同对象发语音的行为作对比，以夸张的形式把日常的小事放大，起到了很好的喜剧效果。人们在繁杂的工作或者是琐碎的生活当中，需要找到一点能够放松自己和调节自己情绪的东西，这时候就需要找一些所谓的"消遣"。

那些能够使人们从生活工作中暂时跳脱出来的、娱乐搞笑的短视频，大都可以让人们会心一笑，使人们的心情变得愉快起来。

### 5.5.4　利益相关，找用户关注心

很多运营者发布的内容都是原创的，制作方面也花了不少心思，但是却得不到系统的推荐，点赞和评论都很少，这是为什么呢？其实，一条视频想要在平台上火起来，除"天时、地利、人和"以外，还有两个重要的"秘籍"：一是要有足够吸引人的全新创意，二是内容要足够丰富。

要做到这两点，最简单的方法就是紧抓热点话题，丰富自己短视频账号的内容形式，发展更多的新创意玩法。具体来说，人们总是会对跟自己有关的事情多上点心，对关系到自己利益的消息多点注意，这是很正常的一种行为。满足用户的关注心理需求其实就是指满足用户关注与自己相关事情的行为。

如果每次借助用户的关注心理需求来引起用户的兴趣，可实际却没有满足用户的需求，那么时间长了，用户就会对这种视频免疫。久而久之，用户不仅不会再看类似的视频，甚至还会引起反感心理，拉黑或者投诉此类内容。图 5-23 所示为 B 站满足用户关注心理需求的视频示例。

**图 5-23　B 站满足用户关注心理需求的视频示例**

从上面这些案例当中可以很清楚地看到，凡是涉及用户自身利益的事情，用户就会很在意，这也是这一类视频在吸引用户关注上比较成功的原因。

运营者在制作视频内容的时候就可以抓住人们的这一需求，通过打造与

脚本：将主题简洁完整地表达出来 👤

用户相关的内容，来吸引用户的关注。但需要注意的是，如果想要通过这种方式吸引用户，那么视频中的内容就要是真正与用户的实际利益有关的，不能一点实际价值都没有。

## 5.5.5　追忆过去，念用户怀旧心

随着"80 后""90 后"逐渐成为社会栋梁，这一批人也开始产生了怀旧情结，对于以往的儿时岁月都会去追忆一下。童年的一个玩具娃娃、吃过的食品看见了都会忍不住感叹一下，发出"仿佛看到了自己的过去"的感言。

人们普遍喜欢怀旧是有原因的，小时候无忧无虑、天真快乐，而长大之后就会面临各种各样的问题，也要面对许多复杂的人，每当人们遇到一些糟心的事情的时候，就会想起小时候的简单纯粹。

而很多运营者也看到了这一方面的"大势所趋"，制作了许多"怀旧"的短视频。不管是对运营者，还是对广大的用户来说，这些怀旧的视频都是很好追寻过去的媒介。能满足用户怀旧心理需求的视频内容，通常都会展示一些有关于童年的回忆，比如展示童年看过的动画片、比较特别的回忆等，如图 5-24 所示。

图 5-24　抖音满足用户怀旧心的视频

上图所示就是能满足用户追忆心理的视频内容案例，其内容使用过去的事或物来引发用户内心"过去的回忆"。越是在怀旧的时候，人们越是想要看看过去的事物，运营者也是抓住了用户的这一心理，吸引用户查看视频内容。

## 5.5.6　知识技能，教用户学习心

部分用户平时在刷短视频的时候，并不是毫无目的的，往往会想通过浏览这些内容来学到一些有价值的东西，扩充自己的知识面，或是增加自己的特长技能。所以，运营者在制作视频的时候，就可以将这一因素考虑进去，让自己的视频内容给用户一种能够满足学习心理需求的感觉。

例如，某商业音乐视频运营者主要是将好听的音乐进行推广，某商业图片编辑运营者主要是针对后期修图技巧进行普及。图 5-25 所示为视频号商业视频运营者的个人主页。

因为音乐和图片编辑都有广泛的受众，而且其分享的内容对于用户也比较有价值，因此这两个视频账号发布的内容都能得到不少用户的支持。

图 5-25　视频号商业视频运营者的个人主页

除此之外，用户看到自己没有掌握的技能时，也会想要通过视频学会该技能。技能包含的范围比较广，既包括各种绝活，也包括一些小技巧。图 5-26 所示为运营者通过视频号展示的生活小技巧。

**图 5-26　视频号传授生活技巧**

很多技能都是长期训练之后的产物，普通用户可能不能轻松地掌握。其实，除了难以掌握的技能之外，运营者也可以在视频中展示一些用户轻松学得会、平时用得着的技能。

如果用户觉得视频中的技能在日常生活中用得上，就会进行收藏，甚至将视频转发给自己的亲戚朋友。因此，只要运营者展示的技能在用户看来是实用的，那么播放量通常会比较高。

## 5.5.7　创意揭秘，挖用户猎奇心

一般说来，大部分人对那些未知的、刺激的东西都会有一种想要去探索、了解的欲望，所以运营者在制作视频的时候，就可以抓住用户的这一特点，让视频内容充满神秘感，满足用户的猎奇心理，这样就能够获得更多用户的关注。

关注的人越多，视频被转发的次数就会越多。猎奇心促使用户想了解自己不知道的事情，视频可以从用户在日常生活中没见到过或没听说过的新奇事物的方向来创作。这样策划的视频，能让用户产生查看具体内容的欲望和想法。

例如，与人们生活息息相关的外卖、租房话题，B 站上的 UP 主从揭秘的角度，深究它们背后不为人知的一些真相，如图 5-27 所示。

图 5-28 所示为一名手工制作的 B 站 UP 主，拍摄了关于可以横着开的概

念车视频。当用户看到这个视频后，会因其独特的创意而纷纷点赞。这种能满足用户猎奇心的视频通常都带有一点神秘感，让用户觉得看了视频之后就可以了解事情的真相。除此之外，那些具有奇思妙想的内容也能满足用户的猎奇心。

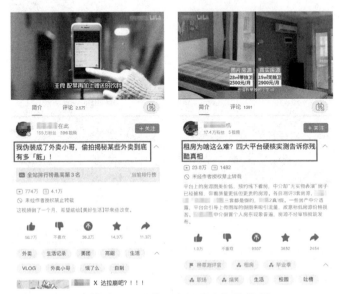

图 5-27　B 站带用户揭秘真相的视频

图 5-28　B 站展示创意的视频

脚本：将主题简洁完整地表达出来 👤

像这样的具有创意性的视频其实并不一定本身就很稀奇，而是在视频制作的时候，抓住用户喜欢的视角或者是用户好奇性比较大的视角来展开。在视频里设下悬念来满足用户的猎奇心理，引起用户的注意和兴趣。

这些视频都能体现出运营者的创意，让用户看完之后感觉到奇妙，甚至是神奇。因此运营者可以发挥自己的优势，打造出创意视频。

# 第6章

# 抖音：文案是必不可少的
# 一味调料

许多用户在看抖音视频时，首先注意到的就是视频的文案。如果运营者能够通过对文案的优化，让文案直击用户的痛点，赢得目标用户的信任，那么视频自然就会更容易受到用户的关注。本章主要介绍爆款抖音视频文案的撰写要求、评估标准以及寻找文案素材的渠道，帮助运营者更好地打造热门视频文案。

抖音：文案是必不可少的一味调料 👤

## 6.1 ▸ 爆款视频，7 大要点完善文案

想要深入学习如何撰写爆款短视频文案，就要掌握爆款短视频文案的特点。本节笔者将从爆款短视频文案的特点出发，重点介绍撰写文案的 7 大要求，帮助运营者更好地打造爆款短视频文案。

### 6.1.1 控制字数，展示关键信息

部分运营者为了在文案中将短视频的内容讲清楚，会把文案写得很长。那么是不是文案越长就越好呢？笔者个人认为，在制作短视频文案时，应该将字数控制在一定的范围内。

在智能手机品类多样的情况下，不同型号的手机一行显示的字数也是不一样的。一些图文信息在自己手机里看着是一行，但在其他型号的手机里可能就是两行了，在这种情况下，文案中的有些关键信息就有可能隐藏起来，不利于用户了解文案中描述的重点和对象。

图 6-1 所示为抖音短视频平台的相关界面。可以看到，界面中的视频

**图 6-1 文案字数太多无法完全显示**

文案因为字数太多，无法完全显示，所以文案的后方显示为"……"。用户看到这些文案后，可能难以准确把握视频的主要内容。而这样一来，文案就失去了其应有的作用。

因此，制作文案内容时，在重点内容和关键词的选择上要有所取舍，把最主要的内容呈现出来即可。好文案本身就是精华内容的提炼，字数过长会显得啰唆拖沓，同时也会让用户丧失查看视频内容的兴趣，因此将文案字数控制在适当的长度才是最好的。

当然，有时候运营者也可以借助文案中的"……"来勾起用户的好奇心，让用户想要了解那些没有写出来的内容是什么。不过，这就需要运营者在撰写文案的时候把握好这个引人好奇的关键点了。

## 6.1.2　用语简短，方便用户记忆

运营者在撰写短视频文案时要注意，文案应该尽量简短。俗话说"浓缩的就是精华"，短句子本身不仅生动简单，而且内涵丰富，越是短的句子，越容易被人接受和记住。

运营者撰写文案的目的就是要让用户更快地注意到文案，并被其吸引，进而查看视频内容，增加视频的播放量。这就要求运营者撰写短视频文案时，要在最短的时间内吸引更多用户的注意力。

如果文案中的用语过于冗长，就会让用户失去耐心。这样一来，文案将难以达到很好的效果。通常来说，撰写简短文案需要把握好两点，即用词精炼、用句简短。运营者在撰写文案时，要注意文案用语的简短，切忌文案成分过于复杂。用户在看到简短的文案的时候，会有一个比较舒适的视觉感受，阅读文案内容也更为方便。

简短的视频文案因其本身简洁的形式和清晰的结构，能让用户在浏览时较为放松，不会产生视觉疲劳的感觉。因此，运营者在撰写短视频文案时，要注意句子结构的精练和简化，以此来提高视频和文案的曝光率。

**专家提醒**
ZhuanJiaTiXing
　　简明精练的视频文案不仅有助于吸引用户的注意力，迅速记忆下视频内容，还可以避免用户因冗长语句所带来的反感情绪。

## 6.1.3 表达通俗，文案简单易懂

短视频文案的受众比较广泛，其中人群的文化水平也不尽相同。因此，在语言要求上更是要形象化和通俗化，以保证用户能理解文案的含义。从通俗化的角度而言，就是尽量拒绝华丽的辞藻和不实用的描述，照顾到绝大多数用户的语言理解能力，利用通俗易懂的语言来撰写文案。否则，文案就无法达到带动产品销售的目的，让短视频获得应有的商业价值。

为了实现短视频文案的通俗化，运营者可以重点从以下 3 个方面着手，如图 6-2 所示。

短视频文案通俗化的要求分析 {
长话要短说，精练概括内容精髓

避免华丽辞藻的修饰，准确简明表达内容

添加生活化的元素，生动形象地吸引用户
}

**图 6-2　短视频文案通俗化的要求分析**

其中，添加生活化的元素是一种常用的、简单的使文案通俗化的方法，也是一种行之有效的营销宣传方法。利用这种方法，可以把专业性的、难以理解的词汇和道理，通过生活元素形象、通俗地表达出来。在文案中运用通俗化的语言陈述产品的作用和功能，可以让用户在容易理解的同时带动产品消费，如图 6-3 所示。

**图 6-3　通俗化语言文案案例**

就某一领域而言，除了领域内的专业人员之外，其他用户对于该领域的了解或熟悉度是远远不够的，如果毫无经验或是经验不足的用户想要学习此领域的专业知识，那么专业性过强或者太过复杂的文案，他们可能是难以理解和学习的。而当用户看不懂或不理解文案内容时，很可能会选择略过对应的短视频。这样一来，短视频的播放量等数据就难以得到保障了。

这也要求运营者在撰写文案时，要尽量化繁为简，让用户看到文案后能更好地学习或了解相关内容，从而让用户更好地接受运营者的观点或做法。

## 6.1.4 形式新颖，吸引用户注意

在短视频文案的写作中，文案的形式千千万万，运营者不能仅仅拘泥于几种常见形式的文案，因为普通的文案早已不能吸引见多识广的用户了。

那么，怎样的文案才能够引起用户的注意呢？笔者认为，以下3种做法比较具有实用性。

（1）文案使用问句，能很大程度上激发用户的兴趣和参与度，比如"你想成为一个事业、家庭都成功的人士吗？""为什么你运动了却依然瘦不下来？"以及"一日三餐的比例到底怎样划分才更加合理？"等，这些文案对于那些急需解决这方面问题的用户来说是十分具有吸引力的。

（2）文案元素详细化，越是详细的信息对于那些需求紧迫的用户来说，就越具有吸引力。比如上面所说的"为什么你运动了却依然瘦不下来？"，如果笼统写成"你想减肥吗？"那么文案的针对性和可信度都会大打折扣。

（3）文案展示利益，将能带给用户的实质利益明确地展示出来。用户看到有利于自身的元素，就会去注意和观看。所以，运营者在撰写文案时，要突出带给用户的利益才能吸引其目光，让用户对文案内容产生兴趣，进而点击查看内容。例如，"如何用200块拍摄20万的商业大片"，如图6-4所示。

抖音：文案是必不可少的一味调料 👤

**图6-4 明确展示能带给用户的利益**

运营者要学会用新颖的文案来吸引用户的注意力。千篇一律的文案，用户看多了也会产生审美疲劳，而适当地创新则能让他们的感受大有不同。

## 6.1.5 符合习惯，发现搜索规律

运营者在撰写文案的时候，要注意考虑用户的搜索习惯。如果一味按照自己的想法，而不结合实际情况的话，无疑是闭门造车。通常来说，用户搜索的内容可分为两类，即资源类和实用类。

### 1. 资源类

"资源类"则是指用户在没有明确目标之下，想通过搜索来找到某一类事物的情况，比如搜索"热门音乐""意识流小说""高分电影"以及"森系手机壁纸"等，如图6-5所示。

### 2. 实用类

"实用类"是用户想要解决生活中的某一问题而产生的搜索行为，比如"如

何做可乐鸡翅""衬衣怎么洗才不会起皱"以及"84 消毒液和洁厕灵为何不能同时使用"等，如图 6-6 所示。

图 6-5　"资源类"搜索　　图 6-6　"实用类"搜索

从上述两种搜索类型的案例可以看出，用户在使用搜索功能的时候，目的性不一样，搜索的结果就有所不同。所以，运营者在撰写文案的时候要注意研究用户的搜索类型，掌握其搜索规律和搜索习惯，有针对性地进行文案写作，这样才能保证文案有比较稳定的点击量和播放量。

## 6.1.6　展示亮点，提升用户兴趣

销售类文案发布的目的就在于吸引受众的注意力，最终促进企业产品的销售。针对这一目的，运营者在拟写文案的过程中，应该注意将产品的最大亮点展示出来，这样可以让用户在看到文案的时候，能够感受到短视频中所提及的产品具有怎样的特点，是否符合自己的真实需要，或是满足心理需求。

文案在凸显特征这一层面上，可从多个角度来考虑，其中最能够打动用户的，一般是能表现最新动态的产品特征。这是因为人们都有一种追求新奇的心理需求，总是希望能够见证超越历史的某一时刻、某一事件，因而在文

案中添加"全新""开始""创新"以及"终于"等词汇，往往更能吸引用户的眼球，让短视频获得更多的点赞量，如图6-7所示。

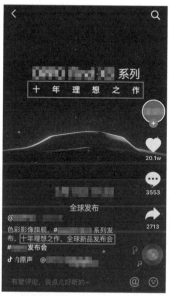

**图6-7　展示最大亮点的文案案例**

这则视频文案最大的亮点在于"十年理想之作，全球新品发布会"。对于手机发烧友或者是想换手机的用户来说，这能带给他们一种"新"的感受。人们总觉得"买新不买旧"，所以这些亮点足以吸引目标用户的目光。

## 6.1.7　体现实用，提供真实价值

在短视频运营过程中，其文案内容撰写的目的主要在于告诉用户通过了解和关注短视频内容，能获得哪些方面的实用性知识或能得到哪些具有价值的启示。因此，为了提升短视频的点击量，运营者在撰写文案时，应该对其实用性进行展现，最大限度地吸引读者的眼球。

比如，与养生内容有关的账号，都会在文案当中介绍一些养生的方法，用户看到文案之后，就会继续查看视频介绍的关于养生的详细方法。像这一类具有实用性的短视频文案，运营者在撰写文案时就对内容的实用性和目标对象作了说明，为那些需要相关方面知识的用户提供了实用性的解决方案。

由此可见，展现实用性的短视频文案，一般多出现在专业的或与生活常

识相关的账号上。比如一些分享摄影技术或者是摄影器械的短视频，就会在文案当中将其实用性展示出来，让用户能够快速了解这篇文案的目的是什么。文案展现实用性是一种非常有效的方法，特别是对于那些在生活中遇到类似问题的用户而言，利用这一方法撰写文案的短视频是极其受欢迎的，通常比较容易获得比较高的点击量。

图 6-8 所示为体现实用性的视频文案。在这则视频文案中，明确地表示是介绍生活中实用的小妙招。因此，用户看到这个文案之后就会觉得短视频中的内容可能对自己有用处，这样一来，用户自然会更愿意查看运营者的其他内容。

图 6-8　体现实用性的文案案例

# 6.2 爆款文案，6 大标准全面评估

运营者在撰写文案时，要学会抓住文案的要点，只有抓住要点才能准确无误地打造文案。本节中，笔者将从掌握文案要点的思路出发，重点介绍 6 大标准打造短视频爆款文案的方法。

抖音：文案是必不可少的一味调料 👤

## 6.2.1　呈现创意，展示独特风格

这是一个崇尚创造的时代，"中国制造"也早已变成了"中国创造"。这样的大背景大时代，也对运营者提出了更高的要求。在文案撰写过程中，也要抓住时代的趋势，学会在文案上下功夫。

要想把自己的短视频做到用户不得不看，就要独树一帜，有自己鲜明的风格和特点，让用户除了你别无选择。如果做到了这种程度，运营者的文案就成功一大半了。那么，怎样让文案独树一帜又风格鲜明呢？这就要求运营者在撰写文案的时候，要有独特的创意，要想别人所不能想的，或是想不到的。另外，文案的信息也要十分鲜明突出，要在一瞬间抓住用户的眼球，争取达到让用户耳目一新的效果。

像这种既具有创意，又信息鲜明的广告性文案有两大类，分别为隐藏性广告文案和非隐藏性广告文案，这两种广告文案极具风格，但目的都是为产品打广告。图6-9所示为隐藏性广告创意文案。运营者的视频场景设置在公司，"你们生活中有这种人吗？"置于文案中，用户不禁联系到自己的实际生活，单看文案并不知道这是广告推广，查看视频后发现是一条食品广告。

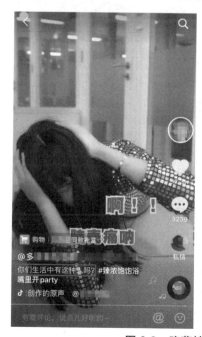

图 6-9　隐藏性广告创意文案

这种视频文案的创意在于它不像其他广告一样直接把产品亮出来,而是将产品放置在视频里作为剧情的关键要素来吸引用户的关注。

图 6-10 所示为非隐藏性短视频广告创意文案。用户在看到这一类视频文案中所添加的标签时,便能猜出这是在做广告。

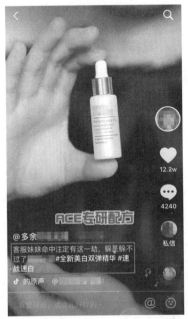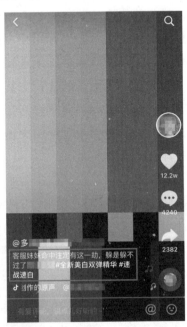

图 6-10　非隐藏性广告创意文案

## 6.2.2　提供利益,满足用户需求

运营者在文案写作当中,要注意以用户的心态去看问题,以用户的角度去发现和研究规律。文案是短视频的核心部分,文案能不能吸引用户、能吸引多少用户,就要看运营者的功夫如何了。

一般来说,好的文案要能抓住用户的心理。运营者撰写文案和用户阅读文案其实是一个相互的过程,运营者想要传达某些思想或要点给用户的同时,用户也希望能通过文案看到可从中获得的益处或奖赏。

这也就要求运营者在撰写文案的时候,要准确地抓住用户的需求,如果连运营者的文案都不能吸引住用户,那么让用户查看视频内容又从何谈起呢?所以,在文案当中就要展示出能给用户带来什么样的益处或奖赏,这样才能

抖音：文案是必不可少的一味调料 👤

吸引用户。

短视频文案里所说的益处或奖励又分为两种，一种是物质上的，如图6-11所示。在这一类案例当中，直接将物质奖励放入文案，所表示的奖励或者益处都是真实存在的，用户可以清楚地了解到，查看这个短视频之后可以获得哪些益处和奖赏。

这一类文案抓住了用户的需求心理，恰当地将奖励放入文案当中。比如某家电生产厂家有一批新型智能空调即将上市，上市之前要通过媒体做一番预热，预热期预定该空调可享受多少折扣的优惠，那么这则视频的文案就可以从折扣方面入手，当用户看到这样的文案时，就会被折扣利益所吸引。

另一种则是用户在技术或心灵上得到了益处。所谓心灵上的益处就是，用户通过文案查看了这个短视频之后，心理上会获得成长或充实。

**图 6-11　物质上的益处或奖励**

图6-12所示为文案带给心灵的益处或奖励。在这一类短视频文案当中，大多是分享技巧或是心灵感受，比如摄影的文案就会分享一些摄影"干货"。

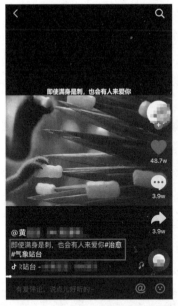

图 6-12　心灵上的益处或奖励

## 6.2.3　简洁直接，轻松浏览内容

如今快餐文化盛行，很少有人能够静下心来认真地品读一篇文章，细细咀嚼，慢慢回味，人们忙工作、忙生活也就铸就了所谓的"快节奏"。运营者的文案也要适应这种"快节奏"，要重点突出，简洁明了。文案字数不要太长，最好是能够朗朗上口，这样才能让用户在短时间内清楚地知道运营者想要表达什么。

短视频文案一旦复杂密集，字数过于冗长，便会给用户带去不好的观看体验。让一个人喜欢可能很难，但是要让一个人讨厌却很容易。文案也是如此，一旦文案字数太多，结构过于复杂，词句拗口，生涩难懂（专业性文章除外），用户看到文案开头时，就已经不想继续阅读了，更不会继续查看完整的短视频内容。

直接和简洁的短视频文案主要分为两大类：一类是娱乐生活类，娱乐生活因其所涉及的话题都较为轻松，不会很严肃，所以这一类的短视频文案较为轻快活泼，短视频用户阅读时也会很愉悦；另一类是新闻类，因为这一类短视频所讲的事情大都较为严肃认真，所以文案通常会比较严肃。

图 6-13 所示为娱乐生活类短视频文案。这类文案切入简单直接，不过于

抖音：文案是必不可少的一味调料 👤

复杂，也不需要花费太多精力，人们更愿意去阅读。

文案简单直接的还有新闻类短视频，新闻类短视频文案讲究的就是抓要点，不带太多情感色彩，只表达作者想要表达的东西，所以这一类文案往往也是十分的简单直接，如图6-14所示。

图6-13　娱乐生活类案例　　　图6-14　新闻文案类案例

## 6.2.4　定位用户，精准撰写文案

没有哪一种短视频文案是能让所有人都感兴趣的，这也就要求运营者在撰写文案的时候，要精准定位用户群体。只有目标用户定位准确了，才能保证短视频的点击量。

比如，关于摄影的短视频，所针对的用户群就是摄影爱好者，那么就要在文案当中将目标用户群体现出来，让喜爱摄影的用户能在第一时间就知道这个短视频是针对他们来写的；关于美食的短视频，所针对的用户就是美食爱好者，那么在文案上也就要偏向于他们。不同类型的短视频所针对的用户群都是不一样的，这也就要求运营者在撰写文案时要区分不同的人群。

短视频目标用户的定位和筛选，包括两个方面：一方面是内在条件的筛选，这方面包括了目标用户群的个人基本信息和爱好，比如性别、年龄、兴趣爱好以及价值取向等内在因素；另一方面是外在条件，这一方面主要包括了目标用户群的消费能力、所处地域等。只有搞清楚了这些问题才能做到对用户有个正确的定位，这就是人们常说的"知己知彼，方能百战百胜"。

图 6-15 所示为精准吸引目标用户的案例。在这两个短视频文案案例中，直接将"独居女生"和"应届毕业生"这两个目标用户群点了出来。这样一来，当"独居女生"和"应届毕业生"群体看到文案时，就会明白这两个短视频的内容主要是针对自己的。而对于这种针对自己的内容，用户自然也会更加感兴趣一些，因为视频中的内容或多或少会跟自己有所关联。

图 6-15　文案筛选特定用户的案例

## 6.2.5　联结内容，避免张冠李戴

在文章写作当中，有一种说法叫做"文不对题"，意思就是文章的内容和文章的标题完全不符，这样的现象也叫做偏题。

在短视频文案写作当中也可能存在类似的问题，如果用户查看一条短视频，发现视频内容与标题文案毫不相关的时候，就会产生负面的浏览体验。这种消极的感受可能不仅仅局限于这条短视频，更有甚者，会对这个账号发布的所有内容都失去好感。

虽说短视频文案的写作和普通文章文案的写作有一些不同，但许多写作的要求还是共通的。短视频文案的写作其实与写一篇文章有相似之处，只是这篇"文章"的目的更广、更大，它是通过短视频达到宣传某产品或某品牌的目的。

在短视频文案的写作中，无论运营者内容多么丰富，文案多么精彩，一旦文案和内容联系不大的时候，就是不知所云了。所以，运营者一定要明确文案和内容相互关联的重要性。

图 6-16 所示为文案与内容联接合理的案例。在这个案例中，用户一看文案就知道重点要讲的是"星球比大小"，而视频的主要内容，也是通过不同星球放置在一起，展示它们的差异对比。这个案例就很好地诠释了短视频文案与内容联结的理念。

图 6-16  文案与内容联结合理的案例

## 6.2.6  具化元素，直观展示数据

"元素"一词最早是指化学"元素周期表"里的各种元素，后来该词广泛应用于计算机专业和生活等领域。这里所讲的元素则是指某一事物的构成部分，所以"文案元素"也就是文案的构成部分。而文案元素的具体化则是尽量将文案里的重要构成部分具体化，精确到名字或直观的数据上来。

拿"某人在公交车站旁捡到装巨款的包"这个例子来说，文案里面比较重要的元素就是"某人""公交车站"以及"巨款"。在这些元素当中，"公交车站"已经具体描述了，但"某人"是什么人？是小孩还是老人？这些在文案中都没有展现，"巨款"到底有多"巨"？文案中也没有显示出来，这样对受众的冲击力是不够大的。

如果将它修饰一下，改成"出门就捡钱，小学生在公交车站捡到背包，打开一看，里面竟是60万人民币！"，这样一来文案里面的重要元素就被具体化了。"某人"变成了小学生，"巨款"也具体成了"60万人民币"。相对于"巨款"一词来说，"60万"的冲击对平常人来说可能更大。所以，这也就要求运营者在撰写短视频文案的时候，要尽量将文案里面的重要元素具体化。

大多数人不喜欢看上去模棱两可的文字，往往更喜欢直观的文字。相比于文字来说，人们又对数字更为敏感，因为数字和人们的日常生活中的很多东西挂钩，所以人们也更关注数字的多少和走向，所以在文案中加入数字，也是将文案元素具体化的一种有效手段。

图6-17所示为短视频文案中元素具体化的案例。在这些案例中可以清楚地看出文案当中的重要元素，如相关对象、事件和数字都具体化了。这样的文案不仅内容明确，而且还能更好地抓住用户的眼球。

**图6-17　文案元素具体化的文案案例**

## 6.3 文案素材，7 个网站激发灵感

相信很多运营者都遇到过这样的困扰：眼看就要拍视频了，自己却一个字也写不出来，找了半天素材，还是一点思路都没有。对于一个优秀的短视频运营者而言，需要学会运用网站工具来帮助自己创作。本节将介绍 7 个网站工具，从而激发运营者的创作灵感。

### 6.3.1 押韵助手，谐音提高效率

押韵助手是一个可以在线查询押韵的字、词、诗和歌的网站，从押韵助手网站上线以来，一直备受用户好评，是文案、金句、诗词以及 Rap 歌词创作者的必备神器。图 6-18 所示为押韵助手网站首页。

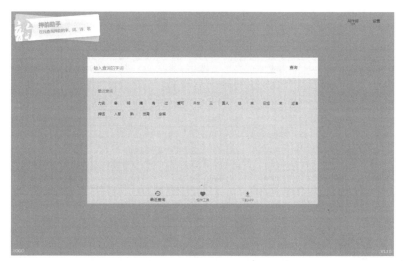

**图 6-18 押韵助手网站首页**

押韵助手拥有海量的词库，并且稳定保持更新,其内容主要包括流行词库、唐诗词库、宋词词库、元曲词库、歌词词库和单词词库等。

在押韵助手里，运营者可以利用查询功能，来匹配字词的相关单字、多押、流行、唐诗、宋词、元曲、歌词和单词等内容，进而创作出朗朗上口的文案和短视频台词，其网站具体分析如图 6-19 所示。

那么，运营者该如何在押韵助手里找文案素材呢？运营者可以在网页查询框搜索单字来匹配相关押韵字词，从而根据字词结合来创作出优质文案，

或者使用其 AI 作词功能，系统进行智能创作。

图 6-19　押韵助手网站分析

## 6.3.2　八哥金句，经典语录内容

八哥金句有着非常齐全的经典语录资料库，汇集了各个朝代、各种国家以及各种情感的经典语录内容，是运营者查找和收藏各种经典语录的绝佳网站。图 6-20 所示，为八哥金句网站首页。

图 6-20　八哥金句网站首页

在八哥金句里，运营者还能按标签来查找内容，如唯美、伤感、励志以及小清新，查找使用起来非常方便，其网站具体分析如图 6-21 所示。

运营者可以在其名人名言、热门名人、经典语录、小说摘抄、散文美句和台词板块里直接对应查找自己需要的内容，如小说摘抄里有《孔乙己》《追风筝的人》《苏菲的世界》《西出玉门》以及《华胥引》等书，点击即可查看其经典语录。

抖音：文案是必不可少的一味调料 👤

图 6-21　八哥金句网站分析

### 6.3.3　虎嗅网，专业资讯内容

虎嗅网创办于 2012 年 5 月，是一个聚合优质创新信息与人群的新媒体平台。该平台专注于贡献原创、深度以及犀利优质的商业资讯，围绕创新创业的观点进行剖析与交流。图 6-22 所示为虎嗅网网站首页。

图 6-22　虎嗅网网站首页

虎嗅网的核心是关注互联网及传统产业的融合、一系列明星公司的起落轨迹和产业潮汐的动力与趋势。

运营者可以在虎嗅网里为短视频文案找到更专业化的商业资讯内容，尤其是网站的"24 小时"功能，可以使运营者快速了解到 24 小时内的热门事件，为运营者的文案创作提供思路，其网站具体分析如图 6-23 所示。

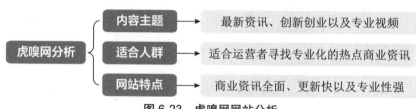

图 6-23　虎嗅网网站分析

　　运营者可以点击资讯频道，收集最新的实时资讯素材；点击视频频道，学习最新的优质视频；点击 24 小时频道，了解 24 小时最火信息。除此之外，运营者还可以使用虎嗅网的号外、时间线和文集等功能来积累文案素材。用号外来了解"百家之言"，看看大众对热门事件的看法；用时间线来了解时事资讯的热点、痛点和观点，把大事件的脉络掌握于手；用文集来"文海淘金"，在沉淀的内容中寻找短视频的文案素材。

## 6.3.4　梅花网，开发创意灵感

　　梅花网是一个集中了国际顶尖品牌产品创意文稿的网站，运营者学习文案或者创作文案时，可以在这里不断地找到开发灵感的创意设计。图 6-24 所示为梅花网网站首页。

图 6-24　梅花网网站首页

除此之外，梅花网不仅汇集了较新的市场营销案例，还为广告公关和市场研究部门提供了各类数据情报服务，其网站具体分析如图 6-25 所示。

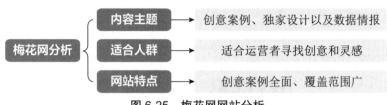

图 6-25　梅花网网站分析

运营者可以利用其短视频、微电影和介绍视频等功能内容来向优秀短视频案例学习；利用其插画与动画、包装设计和视觉识别 VI 等功能内容来了解国际上新的创意想法。运营者通过使用梅花网不断积累想法灵感，可以使其短视频的文案素材更加创意化。

## 6.3.5　顶尖文案，多元化创造库

顶尖文案成立于 2003 年，以"启迪灵感"为核心，专注于创意、艺术和人文板块，始终将发掘和组织当代创意文化中最好的部分呈现给用户为己任。图 6-26 所示为顶尖文案网站首页。

图 6-26　顶尖文案网站首页

顶尖文案旨在为中国创意人提供一个灵感补给的驿站、一个相互沟通共同进步的平台，目前已成为国内最受欢迎的创意资讯网站之一。

在顶尖文案里，运营者可以了解到国内最受欢迎的文案、广告、创意、设计、建筑以及艺术等方面的分享，为短视频的内容增添更多潮流时尚元素，其网站具体分析如图 6-27 所示。

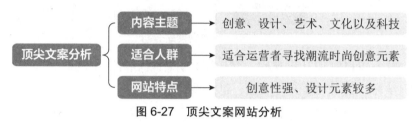

图 6-27　顶尖文案网站分析

### 6.3.6　文案狗，给文案创造灵感

文案狗的核心用途就是运营者只需要给出一个关键字，它就能生成很多带有这个字的谐音文字，像常用成语、诗词名句和俗语文案等。图 6-28 所示为文案狗网站首页。

图 6-28　文案狗网站首页

在文案狗平台上，运营者可以通过关键词匹配，把查找匹配到的内容用在短视频文案里，这都是很不错的创作方法，其网站具体分析如图 6-29 所示。

抖音：文案是必不可少的一味调料 👤

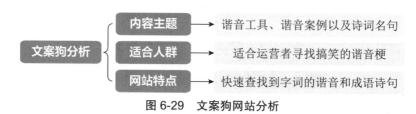

图 6-29　文案狗网站分析

　　运营者可以利用其搜索工具来寻找文案素材。比如，在搜索框内选择搜索"花"，网站即跳转出"花花公子""眼花缭乱"以及"春暖花开"等成语，还可以搜索出"柳暗花明又一村""无可奈何花落去"等诗词谚语，又或者是"才花（华）横溢""站着说花（话）不腰疼"等谐音梗，将这些文字应用到文案素材里会让短视频内容更加有趣味性。不过文案狗最大的缺点就是只能单字查找，这就需要发挥各位运营者的文案提炼技巧。

## 6.3.7　易撰网，各行业热门文案

　　易撰网整合了各大平台的数据，是一个文章、视频全方位齐全的素材库。图 6-30 所示为易撰网网站首页。

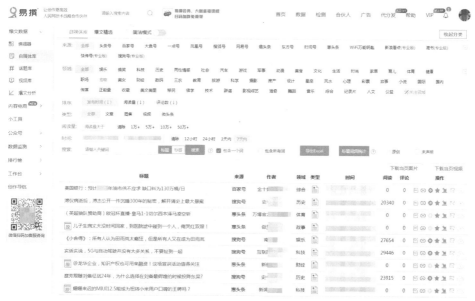

图 6-30　易撰网网站首页

在易撰网里，运营者还可以利用其文章评定分析、爆文数据分析和稀缺内容分析等功能来实现高效工作，其网站具体分析如图 6-31 所示。

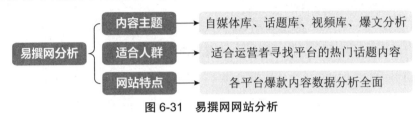

图 6-31　易撰网网站分析

运营者如何在易撰网里找文案素材呢？易撰网拥有着头条号、百家号、大鱼号、看点快报、一点号、凤凰号、搜狐号、网易号、趣头条和东方号等多家平台资源，运营者用易撰网可以对热门内容筛选，找出合适的内容进行文案素材的积累。

# 快手：好的文案能够引起用户共鸣

在快手这个短视频平台上，每个普通人都能够吸引大量粉丝关注，都有成为"网红"的机遇。当然，前提是运营者能够拍摄出优质的短视频作品。本章主要介绍如何提高文案内容质量、如何利用文案引起用户共鸣以及提高成交量的文案表达技巧等内容，让运营者通过文案轻松拉近与用户的距离。

## 7.1 文案内容：6种方法增加戏剧性

相比一般的短视频，那些带有情节的故事类短视频往往更能吸引用户的目光，让用户有兴趣看完整个视频。当然，绝大多数短视频的情节都是设计出来的，那么如何通过文案设计，让短视频的情节更具有戏剧性、更能吸引用户的目光呢？这一节，笔者就来给大家介绍6种方法。

### 7.1.1 定位清晰，加强人设特征

在运营过程中，运营者应该要对短视频的内容进行准确的定位，即确定该账号侧重于发布某方面的内容。内容定位完成后，运营者可以根据定位打造相关的短视频内容，并加强人设的特征。人设就是人物设定，通过对人物的外貌造型、行为举止进行打造，由此展现出人物的性格特点等。简单来说，就是给人物贴上一些特定的标签，可以让用户通过这些标签准确把握人物的某些特征，进而让人物形象在用户心中留下深刻的印象。

我们见过最多的可能是明星人设，其主要是明星用来展示给社会大众的外在形象。但是人设不仅在公众人物身上，就连微信朋友圈这个封闭的社交圈里也有人设，即用户通过发朋友圈的动态来展示自己，在微信好友心目中建立起一种形象。

人与人之间的交往，第一印象很重要，我们虽然不能凭第一印象去论断别人，但别人会用第一印象来评价你。同理，对于短视频平台而言，视频文案就是我们给别人的"第一印象"，别人会通过我们发布的视频文案，来初步了解运营者是一个什么样的人，然后再决定是否深层次了解。

需要注意的是，我们在给自己塑造人设时，最好围绕自己的身份和背景去塑造。一般来说，我们塑造人设可以用以下两种方法。

#### 1. 塑造价值

"始于颜值，忠于价值。"一个成功的账号人设塑造，最重要的就是价值观的形成。价值观是基于人在一定观感之上的认知和理解，对人们的行为

👤 快手：好的文案能够引起用户共鸣

和定向有着非常重要的调节作用。

运营者如果能够输出好的价值观，就会吸引到更多的粉丝用户，也能使创作出的视频变得更加优质。运营者在视频中插入个人价值观时，应该注意哪些方面呢？具体分析如下。

（1）不忘初心

价值观是具有持久性和稳定性的，运营者在制作视频中，不能为了迎合市场，做一个视频就变一个价值观。我们要学会拒绝与自己价值观不同的粉丝，打牢自己的价值观，这样才能建立好人设，稳固粉丝基础。

（2）不触底线

不触底线不仅是运营者要做的，也是一个人的基本准则。我们不能为了流量去做没有底线的事情，如做违法、色情以及歧视等短视频。这类视频即使播放量再高，都没有好的正面传播效果。

（3）不搞煽动

虽然随着短视频类型愈加丰富，用户也有了一定的辨别对错能力，但是仍有心智尚未成熟的用户还需正确引导。因此，我们不能在视频中传递错误观念，如某短视频账号在短视频中煽动用户在淘宝店薅羊毛，导致店家倒闭。

价值观是一个人随着出生开始，在家庭、学校和社会的共同影响下逐步形成的。我们需要尊重每一个人的价值观，它是人们对于客观世界独有的看法，是人独立性的重要标志。短视频账号作为一种信息传播媒介，能够对用户产生一定的影响，切忌在视频中传达不正确的价值观，影响社会的稳定和谐。

### 2. 特定标语

特定标语指的是短视频中比较标志性的语句，俗称"口头禅"。优秀短视频账号的特定标语，几乎都是1句话或不超过3句话的人设文案。图7-1所示为优秀短视频账号的特定标语。

**图7-1　优秀短视频账号的特定标语**

特定标语有可能是随意说出的一句口头禅，也有可能是一句符合视频主题的开头语，这些文案都是以符合账号人设来进行创作的。通过在每个视频中的重复出现，给用户留下记忆点。

运营者可以通过特定标语，结合账号的风格特色、人设形象等因素来进行文案的创作，进而获得受众群体的认可，实现人设打造的目的。打造成功的特定标语，可以从文字和素材本身出发，从而全面认识更好地进行把握，如图7-2所示。

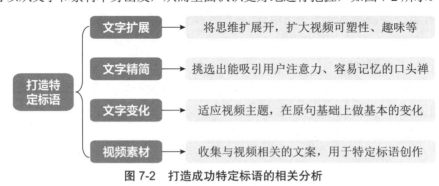

图 7-2　打造成功特定标语的相关分析

在特定标语的构思方面，运营者可以把平日的灵感给记录下来，从而运用到文案中，但运用时不能脱离短视频的主题。

下面这则视频的运营者对账号内容就有着清晰的定位，人物定位为有钱人的人设，如图7-3所示。该账号发布的视频中，人物角色始终如一，由此开展不同的剧情，甚至有着出圈的文案"有钱人的生活就是这么朴实无华，且枯燥"，让用户牢牢记住了主角有钱的特点。

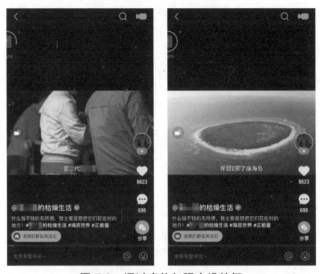

图 7-3　通过定位加强人设特征

👤 快手：好的文案能够引起用户共鸣

## 7.1.2 编写段子，内容幽默搞笑

许多用户之所以刷短视频，就是希望从中获得快乐。基于这一点，运营者要写得了段子，通过幽默搞笑的剧情，让用户从中收获欢乐。

一则热门搞笑短视频剧情设计为：好友相约去游乐园玩耍，一开始搞不懂为什么有好友来游乐园背了一个大书包，入园后才明白，是因为园区里的物价太贵，大家都以为此人是为大家着想，感动又高兴，却没想到她也是一个"黑心商家"，以比游乐园商店稍低的价格卖给好友。但视频剧情反转还在继续，最后好友们将此人骗上游乐设施，纷纷将包里的零食一扫而尽，如图7-4所示。

图 7-4　热门搞笑的短视频

看完这个短视频之后，许多用户都会觉得内容非常幽默、搞笑，忍不住为短视频点赞，也有用户喜欢这种风格的内容，从而点击运营者的主页，查看更多视频。

## 7.1.3 运用套路，设计狗血剧情

在短视频剧情的设计过程中，运营者可以适当运用一些套路，从而更高效地制作短视频内容。短视频剧情设计的套路有很多，其中比较具有代表性的一种就是设计狗血剧情。

狗血剧情简单地理解就是被反复模仿翻拍、受众司空见惯的剧情。虽然这种剧情通常都有些烂大街了，但是既然它能一直存在，就说明还是能够为许多人接受的。而且有的狗血剧情在经过一定的设计之后，还会让人觉得别有一番风味。因此，设计狗血剧情这种经典的套路，对于运营者来说也不失为一种不错的选择。

碟中谍的套路大家已经很熟悉了，下面这则狗血剧情中，3个人都有各自的身份。女人说关押的房间是自己布置的，要带犯人回家的时候，警察站出来说自己是假扮群演的卧底警察，就是为了获取两人犯罪的证据，紧接着犯人就说自己是间谍，要杀了两人灭口。原以为故事到了这里就结束了，结果女人说自己是反间谍行动小组组长，这么多年就是为了抓获间谍证据，如图 7-5 所示。

图 7-5　设计狗血剧情的短视频

像这种狗血的碟中谍剧情，一环套一环，但还是吸引了许多用户看得入迷，由此不难看出，这种设计了狗血剧情的短视频依然是有一定市场的。

## 7.1.4　吸引眼球，关注娱乐新闻

娱乐性小新闻，特别是关于明星、名人的花边消息，一经发布往往就能快速吸引许多人的关注。这一点很好理解，毕竟明星和名人都属于公众人物，

他们往往都会想要安静过好自己的个人生活，而不想让自己的花边消息被大众看到。但也正是因为无法轻易看到，所以一旦某位明星或名人的花边消息被爆料出来了，就能快速吸引许多人的目光。

基于这一点，运营者在制作短视频的过程中，可以适当结合明星和名人的花边消息打造剧情，甚至可以直接制作一个完整的短视频对该花边消息的相关内容进行具体的解读。

图 7-6 所示为关于娱乐性小新闻的短视频。因为这两个短视频中出现的人物都属于公众人物，所以这两条内容发布之后，快速引起了许多用户的围观，且这两条短视频也迅速成了热门。

图 7-6　关于娱乐性小新闻的短视频

## 7.1.5　紧跟时事，讨论热点资讯

为什么许多人都喜欢看各种新闻？这并不一定是因为看新闻非常有趣，而是因为大家能够从新闻中获取时事信息。基于这一点，运营者在制作短视频的过程中，可以适当加入一些网络热点资讯，让短视频内容满足用户获取时事信息的需求，增加短视频的实时性。图 7-7 所示为结合网络热点资讯的短视频。

图 7-7　结合网络热点资讯的短视频

　　记者卧底火锅店，揭秘店内"鲜鸭血"，最终检测出来的结果证明该火锅店内的食品为假鸭血，一时之间关于火锅店作假的问题成了网络的热点。正是因为如此，许多运营者结合该网络热点资讯设计了短视频内容。

　　由此不难看出，这种结合网络热点资讯打造的短视频内容，推出之后就能迅速获得部分用户的关注。这主要是因为一方面用户需要获得有关的热点资讯，及时掌握新闻动态；另一方面如果这些热点资讯与用户自己有相关性，用户在看到相关的内容时，也会更有查看的兴趣。

## 7.1.6　反转设计，让人措手不及

　　如果用户刚看到短视频开头，就能猜到结尾，便会觉得这样的内容没有什么可看性，甚至有的用户只看了开头就划走不看了。相比于这种看了开头就能猜到结尾的短视频，那些设计了"反转"剧情的视频内容，打破了人们的惯性思维，往往会让用户觉得眼前一亮。

　　也正因此，各类"反转"短视频层出不穷，"反转"式的剧情设计正在成为爆款短视频的标配之一。"反转"本身的特点，决定了它在篇幅短小的叙事作品中更易发挥作用。一方面，线索明细、环环紧扣，更容易使观众注意力高度集中，从而将观众带入情境，戏剧化效果更强烈；另一方面，"反转"手法能完美地满足篇幅短小的作品对故事性的要求，节奏刺激。

　　那么"反转"到底该怎么写？运营者可以利用快节奏、巧妙的对白和镜

快手：好的文案能够引起用户共鸣

头剪切的方式，将"反转"剧情通过一层层地铺垫在结局显示出来。一般来说，短视频主要有以下4类"反转"模式。

（1）性别反串式"反转"

从一个平平无奇的男人，变身成各种类型、风格的美少女，这种性别反转带来的强烈视觉反差感，不仅满足了用户的好奇心理，也让用户每一次点开视频前，都抱着疑问和期待。

（2）身份、形象的"反转"

各种类型的短视频都经常用到身份、形象的"反转"。一开始因为外貌或地位等原因被其他人所轻视嘲笑后，通过化妆或亮明身份，以全新的形象出现在众人面前，引发强烈的对比，以此突出人物特点。

（3）剧情"反转"

剧情"反转"是经常被用到的一种方式。通过设置让人意想不到的结尾，可以加强戏剧效果，让观看视频的用户拥有更强的娱乐体验感。设置意料之外的剧情，一次又一次颠覆用户的设想，原本以为是悲伤痛苦的结局，却突然扭转画风，制造一个与众不同的转折。

（4）悬念式"反转"

悬念式"反转"主要是对剧情内容制造悬念，充分调动用户的紧张心理，让画面的说服力、可看性变得更强。

图 7-8 所示为剧情"反转"的短视频。这则反转剧情的视频中，一个

**图 7-8 剧情"反转"的短视频**

人拖着行李箱非要走，另一个人拼命阻拦，并说着兄弟难得聚在一起，用不着客气的话。结果画风一转，原来拖着行李箱要走的人才是这个家的主人，说要留下的人已经借住两个星期了。

上面这则短视频，之所以能够吸引许多用户的关注，并获得了大量的点赞和评论，主要是因为其中设计了"反转"剧情。在看到让人措手不及、意想不到的剧情时，觉得内容安排十分巧妙，让用户忍不住想要为短视频点赞。

## 7.2 撰写文案，5 个要点引起用户共鸣

撰写优秀短视频文案的第一步，就是寻找用户感兴趣的话题，增加用户与内容的连接性和共鸣。运营者要记住一点，短视频文案的受众是广大的用户，这是文案创作的基本前提和要素，不同类型的用户对文案的需求也是不一样的。运营者应该根据受众的不同来打造文案，把用户的需求放在首位。

对此，运营者可以在视频中增加能让用户触动的"点"，消除与用户之间的陌生感，让用户对短视频文案产生认同感。本节主要介绍撰写文案的 5 个要点。

### 7.2.1 增加泪点，通过煽情制造感动

人会流泪的原因有很多，受到感动、与人共情以及心情难过的时候，人难免会动情地流下泪水。为了知道什么方式能引起这种情绪，我们首先要知道人为什么会有这样的情绪，将可以引起这样情绪的情节加以渲染，就是可以引起泪点的方法了，具体介绍如下。

#### 1. 感动情绪

感动是人类受到外界事物影响后的一种情绪，对印象深刻的事或物产生共鸣，通常表现为哭泣。图 7-9 所示为让人感动的短视频案例。

👤 快手：好的文案能够引起用户共鸣

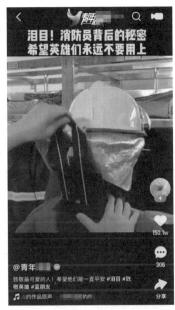

**图7-9　让人感动的短视频**

在日常生活中，人们总是会被能让人产生归属感、安全感以及产生爱与信任的事物感动，这些都是能让人心生温暖的正面情绪。当然，它们也是最能触动人类心中柔软之处的感情，且是一份能持久影响人内心的感情。

同样，阐述"同情"和"亲情"的主题，也能唤醒用户的感动情绪。例如，一道能让人想起爸妈的家常菜，一份萦绕在两人中间的温馨的爱，一个习以为常却体现细心与贴心的举动等。

### 2．共情情绪

情景故事中的人物带着烟火气，情节似曾相识，用户看后极易自我带入，产生共情。其实，有很多影视剧早就对情景故事情有独钟，把镜头对准了家庭成员的日常和生活流水账。通过小人物的小故事来探索人生意义、生命真谛等大主题。同理，短视频也适用，如图7-10所示。

图 7-10　让人共情的短视频

上面这则短视频就是讲的家庭之间的温情瞬间，和亲人离别时忍不住落泪，因其内容的真实和平易近人，让不少用户为其点赞。如今在快手上，这种情景故事型的内容越来越多，并且都收获了不错的播放量和点赞量。

### 3. 悲伤情绪

短视频作为一种常见的、日益发展的内容形式，反映了人们的生活和精神状态。其中描述的一些感动人的情绪和场景都是比较常见的内容，也是打造爆款短视频内容不可缺少的元素。

悲伤是个体最早出现的情绪之一，也是人类很早就开始认识的一种情绪。一般认为，悲伤是由分离、丧失和失败引起的情绪反应。短视频通过影像和声音来传递信息，如果运营者想要用视频调动观众悲伤的情绪，还可以利用音乐增加感染力，通常一首动人的背景音乐能瞬间将气氛烘托出来。

图 7-11 所示为悲伤情绪的短视频。视频中，路人骑车碾压小狗之后径直离开，母狗不相信小狗已失去生命的事实，守护在它身边久久不肯离去。短视频里放着伤感的音乐，这种悲伤情绪不知不觉地感染了用户，戳中了用户的泪点，也让这个短视频收获了 91.5W+ 的点赞量。

👤 快手：好的文案能够引起用户共鸣

图 7-11　悲伤情绪的短视频

## 7.2.2　增加爆点，让全世界都记住你

人们总是会受各种情感所触动，特别是那些能激励人们奋发向上的正能量，更是激起受众感动情绪的重要原因之一，也是短视频的爆点所在，如图7-12所示。

图 7-12　关于正能量的爆点视频

作为一个中国人，看到这样的视频，是不是会感觉到特别骄傲和自豪呢？心中油然而生的激动情绪，是这类爆款短视频推广的效果。

对受众来说，短视频平台更多的是作为一个可以打发无聊、闲暇时光的场所，吸引众多人的关注。而运营者可以在平台上多发布一些能激励人心、感动你我的短视频内容，从而让无聊变"有聊"，让闲暇时光也充实起来，这也是符合短视频平台内容的正确发展之路的。

### 7.2.3 增加笑点，发现身边的开心事

纵观快手平台的首页，许多短视频都带有搞笑的成分。这主要是因为幽默风趣的内容可以给人带来快乐，而没有人会拒绝快乐。所以，当看到非常搞笑的短视频时，大多数用户都会主动点赞，而随着点赞数量的快速增加，一条看似普通的短视频也就成了爆款。

例如，某短视频账号的运营者就是一人分饰多个角色，做个人角色系列的短视频，用搞笑的方式创作剧情，戳中用户的笑点，这也让该账号的短视频点赞量和播放量都很可观，如图 7-13 所示。

图 7-13  搞笑幽默的短视频

快手：好的文案能够引起用户共鸣

### 7.2.4　增加痛点，满足观众的真需求

用户在生活当中遇到的不好解决的问题，就叫"痛点"，如果这个事情不能得到解决，那么用户就会浑身不自在，甚至会感到痛苦。运营者需要做的就是发现用户的"痛点"。以这个"痛点"为核心，找到解决"痛点"的方法，最后巧妙地融入文案的主题中，明确地传递给受众一种思想，帮助他们找到解决问题的方案。如果运营者能够将用户存在的"痛点"体现在短视频文案中，并且给予解决方案，那么这样的文案，就会快速引起一部分用户的注意力。

图 7-14 所示为从用户痛点出发的短视频。文案直击用户拖延的痛点，讲述拖延的原因、表现以及解决办法，用户看到视频内容能够解决拖延症这个痛点，自然就会对短视频中的内容多一分兴趣。

**图 7-14　从痛点出发的短视频**

"痛点"的挖掘是一个长期运作的过程，不可能一蹴而就。它属于细节上的问题，同时也是用户最敏感的细节。运营者可以从细节上开始挖掘，哪怕一两个也好，再认真体会用户的需求,通过文案来提供痛点的解决提供方案,这样创作出的文案才能触动用户的心弦。

### 7.2.5 增加槽点，让大家一起来吐槽

所谓的槽点，就是让用户看完之后，觉得自己也有些想法，想一起吐槽。《吐槽大会》的火爆，证明吐槽是一种较流行、受欢迎的形式，甚至有些运营者的定位就是吐槽账号，专门搜罗用户感兴趣的内容进行展示和点评，引发用户们的激烈讨论，如图 7-15 所示。

图 7-15　有槽点的短视频

运营者也可以把社会上的不良现象或者热点事件插入到短视频中，引起用户对这种问题的思考和讨论，提高视频的互动性。

## 7.3 文案表达，6 个技巧增加成交量

运营者如果想通过短视频带货，就必须先赢得用户的信任，谁都不会购买自己不信任的产品。赢得用户信任的方法有很多，其中比较直接有效的一种方法就是可以增加信任的成交文案。那么怎样写出好的成交文案呢？运营者可以从 6 个方面进行重点突破，这一节笔者就来分别进行说明。

👤 快手：好的文案能够引起用户共鸣

## 7.3.1 树立权威，塑造专业的形象

有的用户在购买产品时会对运营者自身的专业性进行评估，如果运营者自身的专业度不够，那么用户就会对运营者推荐的产品产生怀疑。所以，在短视频账号的运营过程中，运营者还需要通过文案来树立权威，塑造自身的专业形象，增强用户对自身的信任感。这一点对专业性比较强的领域来说，显得尤为重要。

例如，一个很讲求专业性的领域，如果运营者不能分享专业性的知识，那么就不能获得用户的信任，更不用说通过短视频销售此类产品了。也正是因为如此，许多运营者都会通过文案来凸显自身的专业性。图 7-16 所示为机车类运营者发布的一条专业性短视频。

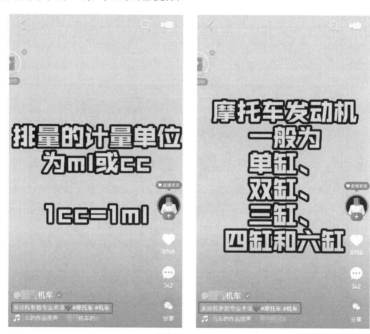

**图 7-16　通过文案展现专业性**

可以看到在该短视频中，便是通过文案介绍机车发动机的专业术语，运营者在这个短视频中进行了详细的说明，用户看到该文案之后，就会觉得运营者在这方面还是有一定专业性的。在这种情况下，用户再看到短视频中的相关产品链接，就会觉得该产品是运营者带有专业眼光挑选的。因此，用户对于其中销售的产品自然就多了一份信任感。

### 7.3.2　借力顾客，打造产品的口碑

从用户的角度来看，运营者毕竟是需要通过销售产品来变现的，如果只是运营者说产品各种好，用户通常是不会轻易相信的。对此，运营者在制作文案时，可以通过适当借力顾客来打造产品和店铺的口碑。

借力顾客打造口碑的方法有很多，既可以展示顾客的好评，也可以展示店铺的销量或店铺门前排队的人群，还可以将顾客对店铺或产品的肯定表达出来，让用户看到。借力顾客打造产品口碑对于实体店运营者来说尤其重要，因为有一些实体店经营的产品是无法通过网上发货的，最多也就是通过外卖的方式，送给附近的顾客。

而借力顾客打造产品口碑，则会让附近看到店铺相关短视频的用户对店铺中的产品多一分兴趣。这样一来，店铺便可以直接将附近的用户直接转化为顾客了。例如，某店铺因炸酱面而出名，一传十，十传百，许多顾客因短视频的宣传纷纷慕名而来，如图 7-17 所示。

图 7-17　让顾客帮忙宣传

### 7.3.3　扬长避短，重点展示出优势

无论是哪种产品，都会既有缺点也有优点，这本来是一件很正常的事。

👤 快手：好的文案能够引起用户共鸣

但是，有的用户会过于在意产品的不足，如果看到产品有不如意的地方，就会失去购买兴趣。

为了充分挖掘这部分用户的购买力，运营者在展示产品时，需要选择性地对产品的优缺点进行呈现。更具体地说，就是要尽可能地扬长避短，重点展示产品的优势，如图7-18所示。

**图 7-18　重点展示产品的优势**

在该短视频中，运营者重点对产品"不含任何食品添加剂、色素、着色剂以及红曲米等"和"味道和在店里吃的一模一样"等优点进行了说明。正是因为该产品优势众多，所以对于这一类产品有需求的用户在看到该文案之后就很容易心动了。

同样还是短视频中的产品，如果运营者将产品的缺点说出来，如"保质期短，收到后应尽快食用""运输的过程中可能会导致汤汁漏洒"，试想一下，还有多少用户愿意购买这件产品呢？

正所谓："金无足赤，人无完人。"世上没有十全十美的事物，产品也是如此，无论是什么产品，总会有一些缺点和不足。有缺点和不足并不可怕，可怕的是缺点和不足被无限放大，成了产品的致命弱点。其实有时候只要处理得当，缺点和不足也能转化为凸显产品优势的一种助力。

### 7.3.4　简单易记，增强用户记忆点

要让用户记住一种产品通常有两种方法：一种是通过产品的展示，让产品在用户心中留下深刻的印象；另一种是通过文案营销，用简单易记的文案宣传产品，借助文案让用户记住产品。这也是许多品牌不惜花费大量成本做广告宣传的重要原因，运营者可以学以致用。

对于运营者来说，要制作一个短视频文案可能算不上是一件难事。但是，要制作一个有记忆点的文案却不是一件容易的事。那么，如何让短视频文案更加简单易记呢？在这里，笔者重点给大家提供两种方案。

一种是通过趣味性的表达，让用户在会心一笑之余，对文案及短视频中的产品留下印象，如图 7-19 所示。该短视频中展示的是一款冰棒，运营者给短视频配的文案是"夏日炎炎，有你真甜"，并用了风趣幽默的语言进行描述，这个文案能让用户感受到运营者趣味性表达的同时，又能对产品留下深刻印象。

图 7-19　趣味性文案的短视频

另一种是通过说明性的文字，对产品的主要功能和特性进行形象的说明，让用户可以通过文案直观把握产品的功能和特性，如图 7-20 所示。该短视频

👤 快手：好的文案能够引起用户共鸣

展示的是某品牌拥有专利的拉柳枪产品，有螺母枪功能、剪切功能等，运营者运用说明性的文字，并在视频中进行功能展示，让用户快速了解了产品特性。这种简单易记的短视频文案，也为产品增加了一大卖点。

图 7-20 说明性文案的短视频

## 7.3.5 事实力证，获得用户的认可

有一句话说得好："事实胜于雄辩！"说得再多，还没有直接摆事实有说服力。运营者与其将产品夸得天花乱坠，还不如直接摆事实，让用户看到产品使用后的真实效果。通常来说，用户在购买一件产品时，都会先判断这件产品对自己是否有用处。如果产品对自己没有用处，肯定是不会购买的。另外，如果对产品的理解不够，不知道产品对自己是否有用，许多用户可能也不会轻易下单。因此，运营者如果想让用户购买产品，就需要通过短视频让用户快速理解产品。这样，用户才好根据自己的理解，判断产品是否是对自己有用处的，而不至于因为对产品不理解、怕踩坑就直接放弃购买产品。

一些以某些功能或特性为卖点的产品，也需要通过短视频的展示，让用户理解产品的功能和特性。因为很多用户都信奉"眼见为实"，当看到短视频中进行了展示，他们才有可能理解并相信你的产品确实拥有某些功能或特性。图 7-21 所示为推广魔术扫把的短视频。

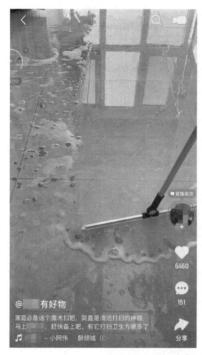 

图 7-21　通过事实展现产品使用效果

　　该短视频中并没有对魔术扫把进行太多的夸耀，而是直接在使用场景中展现出来，将使用普通扫把和魔术扫把同时扫地的效果进行对比。因为有事实的证明，所以用户通过该短视频可以很直观地看到魔术扫把的清洁效果。实际的使用效果确实比较好，因此有需求的用户在看到该文案时，就会觉得短视频中的产品值得购买。

## 7.3.6　放大卖点，展现产品的优点

　　对于运营者来说，通过一个短视频就让用户购买产品是有一定难度的。每种产品都有许多优点，运营者如果将产品的所有优点都摆出来，会让用户难以把握重点。在笔者看来，与其花费心力挖掘和展示产品的各种优点，还不如集中并放大产品的主要卖点，进行重点突破，如图 7-22 所示。

👤 快手：好的文案能够引起用户共鸣

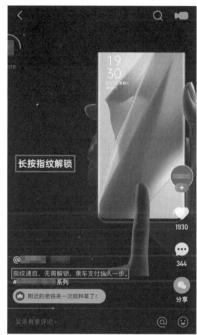

**图 7-22　集中放大卖点的视频**

　　看完这个短视频之后，大部分用户都会对这款产品留下深刻的印象。因为在这条短视频中，对指纹功能这个主要卖点进行了多个角度的展示，集中并放大产品卖点，"指纹速启，无需解锁"。这种方法对于拥有某个突出卖点的产品来说非常实用，还能让用户快速把握产品的特点。

| 第8章 |

# 视频号：优质文案让作品
# 上大热门

一条成功的短视频除了内容要精彩，评论区文案也是非常
重要的一部分。好的评论区文案，能够快速增加用户的活跃度，
并为账号增加大量粉丝。那么，如何才能利用文案打造活跃的
评论区呢？在本章内容中，笔者将为运营者介绍一些写作思
路，讲解评论区的主要作用和管理方法，避开雷点，教运营者
写出精彩的评论区文案。

## 8.1 文案内容，两大优化要点占领流量

在视频号搜索中，文案关键词对视频曝光率有着极为重要的影响，关键词是表达视频内容的重要部分，一般来说，用户都是直接输入关键词进行搜索的。因此，运营者想要在视频号搜索这个流量口入手，首先就要让用户能搜索到自己的内容。那么，运营者第一步就需要研究文案的关键词。

### 8.1.1 基本释义，理解关键词意义

运营者要想更全面地深入视频号搜索，就得依靠文案关键词。只要关键词设置得当，就能为运营者创造出一定的营销收益。一个优秀的视频号运营者，需要比较好的写作基础和对产品与消费者敏锐的观察力，才能完整地把握视频号文案中应该拥有的关键词。

文案中的关键词一般为产品、服务、企业以及网站等，可以有一个，也可以有多个。一般来说，视频号搜索中关键词类别分别有以下3种。

#### 1. 核心关键词

所谓"核心关键词"，就是与视频号发布内容主题相关的最简单的词语，同时也是搜索量最高的词语。比如，某视频号是一个SEO（Search Engine Optimization，搜索引擎优化）服务型的平台，那么该视频号的核心关键词就是"SEO""网站优化"以及"搜索引擎优化"等。

此外，核心关键词也可以是产品、企业、网站、服务以及行业等一些名称，或是名称的一些属性、特色的词汇，例如××减肥茶、××公司、××网以及××摄影师等。那么，我们应该如何选择核心关键词呢？具体分析如下。

（1）与视频号紧密相关

这是视频内容核心关键词选择中最基本的要求。如果是做服装销售的，关键词却取的是电脑器材，那就是错误的，核心关键词与视频主题内容是息息相关的。

核心关键词要与视频紧密相关，具体表现在 3 个方面：一是让搜索者明白视频是做什么的，也就是要与视频号的领域有关联；二是要让搜索者了解视频能够提供什么服务，也就是要表现视频号的功能；三是要让搜索者知道视频能为自己解决什么问题，也就是要突出视频号的价值和特色。

（2）符合用户搜索习惯

运营者做视频号的目的除了是把它作为分享生活的窗口外，最终的目的还是希望能变现，那么就需要为自己的受众服务，从而达到变现的目的。既然这样，那么文案关键词的设置也要考虑到用户的搜索情况。所以在撰写文案的时候，运营者可以列出几个核心的关键词，然后换一下角色，思考如果自己是用户会怎么搜索，从而保证核心关键词的设置更加接近真实的用户搜索习惯。

（3）有竞争性的热词

很多的词容易被搜索到，其原因之一就是有竞争性，只有被大家搜索多的词才是最有价值的词。这样的词一般都比较热门，与其相对的冷门关键词，虽然排名好做，但是却没人去搜索。在此，就不得不提及关键词的竞争程度了，运营者需要做出关键词竞争程度的判断，可以从搜索次数、竞争对手的数量、竞价推广数量和竞价价格这 4 个方面进行分析。

### 2. 辅助关键词

辅助关键词，又称为相关关键词或扩展关键词，主要是对视频号内容中核心关键词进行补充和辅助，与核心关键词相比，辅助关键词的数量更多更丰富，更加能够说明运营者的意图，对视频有着优化作用。

辅助关键词的形式有很多种，它可以是具体的某个词汇，也可以是短语、网络用语、流行词，只要是能为视频号引流吸粉，都可以称为辅助关键词。例如，视频号发布的内容其核心关键词是"摄影"，那么"手机摄影""相机"以及"短视频"等，都是非常好的辅助关键词。

在视频号中，运营者可以通过对核心关键词进行相应增删得到辅助关键词。例如，核心关键词"生活"与"技巧"这个词组合后，就产生一个新的辅助关键词"生活技巧"，如图 8-1 所示。

在视频号的搜索结果展示中，辅助关键词可以有效增加核心关键词的词频，提高视频号被检索出来的概率，从而增加视频号流量。具体来说，辅助关键词具有 3 个方面的作用，即补充说明核心关键词、控制核心关键词密度以及提高视频号检索的概率。

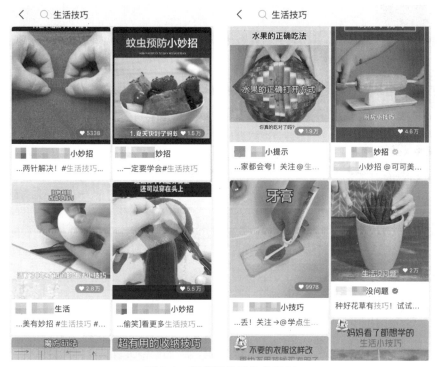

图 8-1 组成新的辅助关键词

### 3. 长尾关键词

长尾关键词是对于辅助关键词的一个扩展，且一般长尾关键词都是一个短句。例如，一家 SEO 服务型的视频号的长尾关键词就是"哪家 SEO 服务公司好、平台 SEO 服务优化找谁"等。

长尾关键词的特征是比较长，往往是 2 ～ 3 个词组成，甚至是短语，除了视频号的标题，也存在于文案内容中。视频号大部分的搜索流量来自于长尾关键词。一般来讲，长尾关键词的拓展方式有以下几种。

（1）流量统计工具

图 8-2 所示为友望数据的页面截图。友望数据是专门针对视频号推出的数据统计平台，但目前只能在电脑端进行登录查看。运营者可以通过友望数据分析优质博主的内容，追踪爆款视频和跟踪竞品营销动态,优化投放策略等。

这样，运营者就能知道文案关键词的拓展方向，有效率地提炼具有价值的文案关键词。

图 8-2　友望数据平台

（2）问答平台及社区

问答平台是网友用来解决问题的直接渠道之一，如百度知道、知乎以及悟空问答等，问答平台上虽然充斥着大量的推广和广告问答，但也有大量真实用户的问答。而且，在问答平台中回复网友问题的人，大多数是专家或问题的相关领域工作者，因此，平台中会出现大量具有专业性或口语化的长尾关键词，运营者如果能掌握这一部分的词汇，拓展长尾关键词的难度会减轻很多。

（3）站长工具及软件

目前的站长工具，像站长之家、爱站网以及站长帮手，都有类似的关键词拓展查询，并给出关键词的搜索量以及优化难度，能使运营者拓展出具有一定价值和流量的文案关键词。

（4）搜索引擎的工具

百度竞价的后台就是一种可以用来拓展长尾关键词的搜索引擎工具，还有谷歌的网站管理员工具和百度的凤巢竞价后台，都是非常好的查询关键词的工具，而且在搜索的次数和拓展词量上也比较真实可靠。

（5）拆分组合

拆分组合是很常见的一种拓展方式，它主要是将视频号目标关键词进行分析拆分，然后再组合在一起，使其变成一个新的关键词，从而产生大批量的关键词。虽然与之前的几种方法相比，在性价比上没有那么高，但是可以全方位地进行拓展，将关键词都覆盖住。因此，它是一种全面撒网式拓展方法。

（6）其他方法

除了以上方法外，运营者还可以抓取竞争对手或同行视频号中好的长尾词，进行分析和筛选，存入关键词库，又或者是利用一些风云榜、排行榜的数据，截取中心词来拓展长尾词。

## 8.1.2　优化策略，发挥关键词作用

从视频号的搜索来说，运营者想要利用文案关键词提高视频号排名，可以从 4 个指定搜索内容的方向进行关键词优化，发挥关键词的作用。

### 1. 技巧：7 个技巧优化关键词

视频号搜索的排名优化主要是对视频内容及视频名称的排名做优化，优化的方法有很多，但是要有明显变化的优化方法却很少，下面笔者介绍几种有效的优化排名的方法，具体如下。

- 自然地出现关键词，不能刻意为之。
- 标题的第一句出现关键词。
- 在视频号发布内容的封面加入关键词。
- 在视频号标题中带入话题，并把文案关键词加入话题中。
- 借鉴同行原创的视频号内容，忌直接转载。
- 在视频号的评论中加入关键词引导。
- 关键词围绕视频号发布的主题内容展开。

### 2. 预测：两个妙招预测关键词

许多关键词都会随着时间的变化而具有不稳定的升降趋势，运营者学会关键词的预测相当重要，下面笔者从季节和节日两个方面分析介绍如何预测关键词。

（1）预测季节、节日关键词

关键词的季节性波动比较稳定，如产品更新的关键词会包含季节名称，即春装上新、春季新品等，如图 8-3 所示。

春季上新
动态
春季新品
MIX COMING BACK
科技
手机
…抽奖！#春季新品
飞儿
春季上新
量贩
商城
生生不息
重要消息

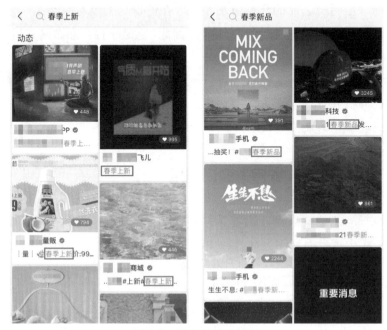

图 8-3　季节性的关键词

节假日也是用户放松刷短视频的好时机，运营者可以从节日相关方面进行预测，如图 8-4 所示。

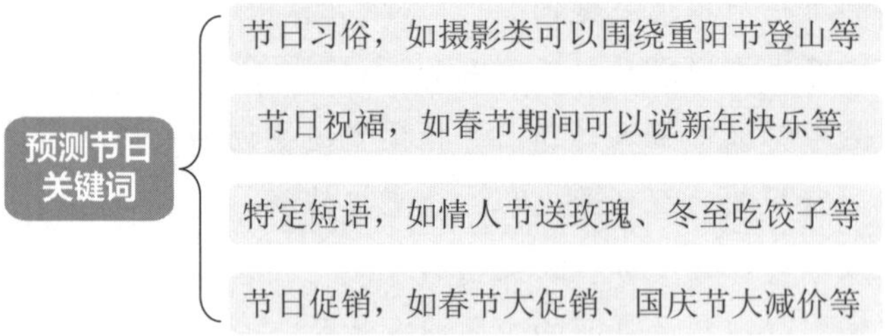

预测节日关键词
节日习俗，如摄影类可以围绕重阳节登山等
节日祝福，如春节期间可以说新年快乐等
特定短语，如情人节送玫瑰、冬至吃饺子等
节日促销，如春节大促销、国庆节大减价等

图 8-4　预测节日关键词

（2）预测社会热点关键词

社会热点新闻是人们关注的重点，当社会新闻出现后，会出现一大波新的关键词，搜索量高的就叫热点关键词。

因此，运营者要实时关注社会新闻，在最短的时间内，预测出社会热点关键词。下面笔者介绍一些预测热点关键词的方向，给运营者提供一些参考，如图 8-5 所示。

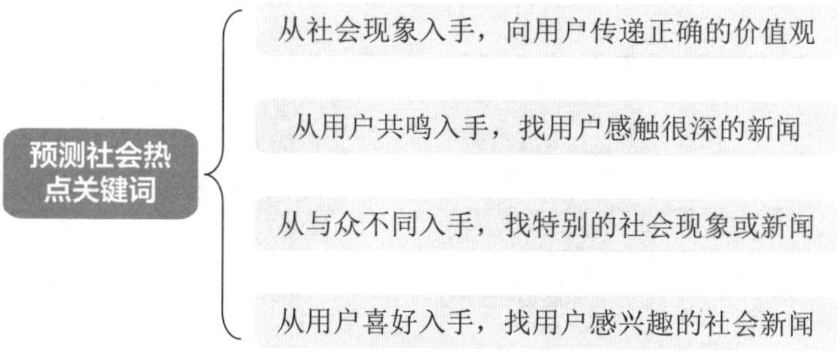

图 8-5　预测社会热点关键词

### 3. 热门：择优选择内容关键词

热门与热点不同，热门是表示关键词已经出来，而且本身具有较高的搜索量，主要在于关键词的选择，不需要运营者预测。运营者可以择优选择当下热门的关键词，具体从如下几个方面进行分析。

- 社会热门现象、新闻。
- 播放火爆的影视剧。
- 近期的体育动态。
- 当红或走红的明星。
- 生活小窍门、小技巧。
- 原创的、引人深思的内容。
- 点击量高的微信文章。
- 点赞量高的抖音、快手等平台的短视频。
- 身边人都在关注的事情。
- 微信热点内的新闻。

### 4. 话题：用话题提升搜索机会

运营者在视频文案中输入添加话题的关键词，可以大大提高用户搜索的匹配度，以达到优化搜索的目的。因此，运营者在发布视频号内容时，可以采用文案关键词添加话题的方法，提高视频曝光率。

用户在视频号搜索中使用关键词搜索时，通常文案中带有关键词的话题也会显示出来，如图 8-6 所示。

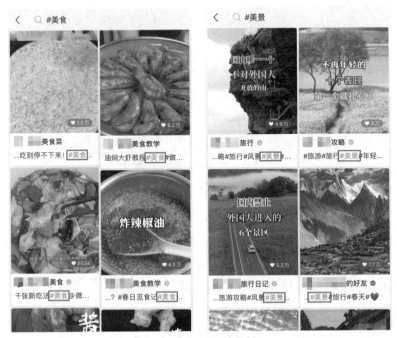

图 8-6　添加话题的关键词

## 8.2　评论文案，4 个作用助力内容推广

说到文案，大多数运营者可能想到短视频中的内容文案。其实，在视频号的运营过程中还有一个必须重点把握的文案部分，那就是评论区的文案。那么，评论区的文案具体有哪些作用呢？这一节笔者就来进行具体分析。

### 8.2.1　辅助完善，补充视频内容

一个短视频长则几分钟、十几分钟，短则几秒钟、十几秒钟。在这有限的时间内，能够呈现的内容也是比较有限的，而且有的内容（如网页的链接）也不方便直接用短视频来进行呈现。在这种情况下，运营者便可以借助评

论区来辅助完善短视频的相关内容。图 8-7 所示为一个制作甜品的短视频。

这种短视频的文案内容比较多，无法全部在短视频里进行一一说明，视频标题也有字数限制。于是，运营者便将具体的制作方法发布在视频评论区，用户可以清晰明了地掌握运营者的方法。需要注意的是，评论区的文案目的是为了补充说明，让用户更好地理解，因此要注意把握重点内容，不能长篇大论。

在笔者看来，短视频评论区的运营是对内容进行二次处理的一种有效手段。运营者通过在评论区的辅助说明，既可以完善内容，让营销意图得到更好的体现；也可以对短视频中表达有误的地方进行补充说明，及时纠正自身的错误。

图 8-7　在评论区对重要信息进行辅助说明

## 8.2.2　回复评论，引导用户操作

运营者在创作评论文案时，还需要做好一件事，那就是通过回复评论解决用户的疑问，引导用户的情绪，从而提高视频的转发量。还有一些运营者利用视频号来发布广告，同样可以通过回复评论提高产品的销售量，如图 8-8 所示。

图 8-8　通过回复评论引导用户

　　运营者在短视频发布之后，对评论中用户的疑问进行了回复，让用户明白购买的具体方式和产品细节。当疑问得到解答之后，用户的购买需求自然会得到增加。

## 8.2.3　挖掘选题，提供内容方向

　　如果要问在短视频账号运营的过程中，什么是最让人伤神的？可能一部分运营者的回答是做短视频的选题。确实，短视频的选题非常重要，如果运营者的选题用户不太感兴趣，那么根据选题打造的短视频的各项数据很可能就上不去。

　　其实，挖掘短视频的新选题的方法有很多，运营者既可以自主进行挖掘，也可以通过用户的反馈进行挖掘，找到新内容的打造方向。而查看用户对内容的评论，就是通过用户的反馈，挖掘新选题的一种有效方式。

　　图 8-9 所示为视频号中某产品的播放界面和评论区。在这个短视频中，运营者重点向用户介绍了一种锋利又顺劲的磨刀石，并且展示了这款磨刀石放在水槽上可以随意调节大小。

**图 8-9 某视频号的播放界面和评论区**

看到这个短视频之后，许多用户纷纷在评论区询问在哪里可以购买，由此不难看出，许多用户对这款产品是比较感兴趣的，甚至有一部分用户是有购买需求的。

针对这种情况，该运营者便可以通过用户的反馈，重新再做一条该产品的营销短视频，并在短视频中添加产品的购买链接。这样做，不仅可以让许多用户的需求得到满足，而且运营者也可以借此获得一定的收益，成功实现变现。

## 8.2.4 评论数量，体现视频流量

评论量在一定程度上能够体现出短视频的价值，通常来说，评论量越多的短视频，获得的流量就越多。也正是因为短视频评论量能够体现出短视频的流量价值，所以许多用户在看到短视频的评论量比较少时，就会觉得短视频的质量一般，并因此直接选择略过；而品牌方在找运营者合作时，如果看到运营者的短视频评论量太少，则会因为运营者的影响力有限而选择放弃合作。

图 8-10 所示分别为评论数较多和评论数较少的短视频评论界面。可以看到，这两个短视频评论量的差距是很明显的。也正是因为评论量的差距很明显，大家一看就知道评论数多的这个短视频获得的流量更多。

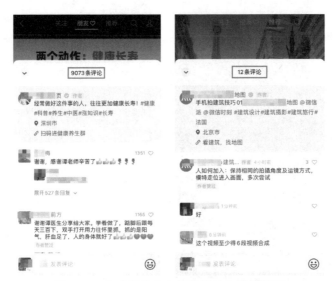

**图 8-10　评论量较多和评论数较少的短视频**

　　因此，运营者一定要积极运营好短视频的评论区，通过各种手段提高评论量，让用户和品牌方更直观地看到账号的价值，从而进一步提高账号的变现能力。

## 8.3 引发讨论，6 种方法吸引用户参与

　　打造活跃的短视频评论区主要可以起到两个方面的作用：一是增加与用户的沟通，做好用户的维护，从而更好地吸引用户关注账号；二是随着评论数量的增加，短视频的热度也将随之增加。这样一来，短视频将获得更多的流量，营销效果也会更好。那么，运营者要如何打造活跃的评论区呢？下面，笔者就为大家介绍 6 种方法。

### 8.3.1　热门内容，引发激烈讨论

　　许多用户之所以会对短视频进行评论，主要就是因为他（她）对于短视频中的相关内容有话要说。针对这一点，运营者可以在打造短视频时，尽可能地选择一些能够引发用户讨论的内容。这样做出来的短视频自然会有用户

👤 视频号：优质文案让作品上大热门

感兴趣的点，而用户参与评论的积极性也会更高一些。

例如，情感自古以来就是一个能够引起广泛关注的话题，每个人都有自己的感情观，同时，每个人也希望收获到自己梦想中的爱情。但是，现实与梦想之间却存在一些差距，现实中的很多爱情并非那么美好。比如，有的人在爱情中太过偏执，控制欲太强，甚至爱得太过疯狂；有的人一心付出，最终却被另一半抛弃。于是部分运营者据此打造了短视频内容。

图 8-11 所示为某短视频的播放和评论界面。运营者根据视频内容，配上了一段有关情感的文案。因为每个用户对于感情，都有自己的看法，再加上看完短视频之后，心中有一些感触，因此纷纷发表评论。于是该短视频快速获得了超过 1 万的点赞量，成了热门短视频。

图 8-11　通过热门内容引起用户讨论

## 8.3.2　设置话题，引导活跃互动

在短视频平台中，有一部分用户在刷短视频时会觉得打字有些麻烦。除非是看到了自己感兴趣的话题，否则他们可能没有什么想法对短视频进行评论。为了更好地吸引这部分用户积极主动地进行评论，运营者可以在评论区文案中设置一些用户都比较感兴趣的互动话题。

图 8-12 所示为运营者设置话题引导用户评论的短视频。运营者根据短

视频里旅游的话题，询问大家假期有没有出去旅游，在评论区引出话题，以此提高用户的互动率。在看到这个话题之后，许多用户在评论区发表自己的意见，由此便不难看出设置互动话题对于引导用户主动评论的效果了。

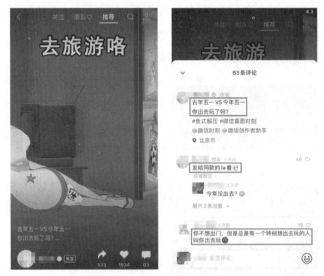

图 8-12　通过设置话题引导用户评论

其实每个人都是有表达需求的，只是许多人认为，如果涉及的话题自己不感兴趣，或者话题对于自己来说意义不大，那么就没有必要花时间和精力去表达自己的意见了。因此，运营者如果要想让更多用户积极地进行表达，就需要通过话题的设置，勾起用户表达的欲望。

### 8.3.3　内容通俗，产生兴趣共鸣

运营者做内容运营必须懂得一个道理，那就是不同内容能够吸引到的用户是不同的。同样是音乐，那些高雅的古典歌曲能够听懂的人不多，可能没有太多观众；而那些普通的流行歌曲，虽然通俗，但是却能获得更多人的应和。

其实，做短视频内容时也是同样的道理。如果运营者做的是专业的、市场关注度不高的内容，那么做出来的短视频，有兴趣看的人就很少，而进行评论的人就更少了。相反地，如果运营者做的是用户普遍关注的，并且是参与门槛低的内容，那么那些有共鸣的用户，自然而然地就会对短视频进行评论。

因此，运营者如果想让短视频获得更多的评论，可以从内容的选择上下

手，重点选择一些参与门槛低的内容，通过引发用户的共鸣来保障短视频的评论量。

例如，运营者将沙姜猪手的做法发布在视频号中，因为美食是大家普遍关注的话题，许多用户都喜欢品尝美食，或者想学会做这道美食。所以，该短视频发布之后，很快就引发了许多用户的讨论，甚至讨论起这道菜的南北差异，如图 8-13 所示。

图 8-13　通过日常的内容引发共鸣

## 8.3.4　通过提问，增加互动回应

相比于陈述句，疑问句通常更容易获得回应。这主要是因为陈述句只是述说一件事情，其中并没有设计参与环节，而疑问句则是把问题抛给了用户，这实际上是提醒用户参与互动。因此，在短视频文案中通过提问的方式进行表达，可以吸引更多用户回答问题，从而直接提高评论的量和评论区的活跃度。

运营者的评论、回复内容以及点赞，都带有"作者"标志，所以用户一眼就能看到运营者的重要评论和回复内容。因此，运营者如果在评论区提问，提问内容会被所有看评论的用户看到。在这种情况下，用户如果对提问的内容感兴趣，就会积极回答。这样一来，评论区的活跃度便得到了提升，气氛也会变得更加活跃了。

图 8-14 所示为运营者根据视频内容进行提问。可以看到该运营者便是通过提问的方式，来吸引用户积极参与讨论，从而活跃评论区气氛的。而事实是该问题提出之后，许多用户参与了进来，短视频评论区的气氛也变得活跃了起来。

图 8-14　用户针对问题表达自己的观点

## 8.3.5　结合场景，吸引用户目光

场景化的回复，简单地理解就是结合具体场景做出的回复，或者能够通过回复内容想到具体场景的回复。例如，在通过评论回复，向用户介绍某种厨具时，如果把该厨具在什么环境下使用、使用的具体步骤和使用后的效果等内容进行说明，那么回复内容便变得场景化了。

相比于一般的回复，场景化的评论在用户心中构建起了具体的场景，而大多数用户对于产品在具体场景中的使用又是比较在意的。所以，场景化的回复往往更能吸引用户的目光，用户看到回复时，更能清楚地把握产品的具体使用效果。

## 8.3.6　开动脑筋，亮出"神评论"

经常刷短视频的用户都会习惯性地查看短视频的评论，这主要是因为有时候评论比短视频内容还要有趣。在这种情况下，如果运营者写出了有意思的"神评论"，就能快速吸引大量用户的目光，为短视频带来可观的流量。运营者想要写出"神评论"，可以从以下5点出发。

（1）利用热点吸引用户眼球

热点之所以能成为热点，主要就是因为它本身就带有一定的热度。因此，运营者如果围绕热点进行评论，就能快速吸引大量短视频用户的眼球。

（2）解决痛点满足用户需求

运营者在对短视频进行评论时，可以先找到用户的痛点，通过满足用户某方面的需求，来吸引用户的关注。这一点对于自我评论和引导用户购买商品时，尤其重要。

（3）利用痒点提高评论意愿

可能部分运营者对于痒点会有一些疑惑。究竟什么是痒点呢？痒点简单地理解就是让人看后觉得心里痒痒的，忍不住想要在视频下方进行评论。有痒点的评论，不仅可以快速吸引用户的关注，让评论的内容被更多用户看到，而且还可以通过用户回复评论，提高用户的参与度和短视频的热度。图8-15所示为提供了痒点的短视频。

**图8-15　有"痒点"的短视频**

（4）搞笑展示语言风趣幽默

纵观短视频上许多被称为"神评论"的评论，都带有搞笑的成分，或者说它能够戳中大部分用户的笑点，又或者它能够真实地反映出用户常遇到的问题（一般来说，这种神评论下都会有用户回复"真实"二字）。这主要是因为幽默风趣的语言可以给人带来快乐，而快乐又是没有人会拒绝的。所以，当看到非常搞笑的评论时，大多数用户都会主动点赞。而随着点赞数量的快速增加，一条看似普通的评论也就成了"神评论"。

（5）利用能力展示自身才气

一条短视频评论要想快速吸引用户的目光，就必须带有一定的亮点。这个亮点包含的范围很广，既可以是迎合了热点，击中了痛点，提供了痒点，也可以是表达幽默风趣，还可以是充满了才气。

所谓的才气，就是让人看完之后，觉得运营者的短视频评论有一定文化底蕴。在短视频评论中显示才气的方法有很多，既可以引经据典地进行论述，也可以直接通过诗文展示自身的才华。

## 8.4 注意事项，6 个方式保证文案质量

回复用户的评论看似是一件再简单不过的事，实则不然。如果回复得好，那么回复的内容可能会为短视频带来更多的流量；如果回复得不好，则可能会为账号带来一些黑粉。运营者一定要了解回复评论的注意事项，并据此进行短视频评论区的运营，具体需要注意的事项如下。

### 8.4.1 认真回应，保证回复质量

在对短视频评论进行回复时，既要注意"量"（回复的数量），也要注意"质"（回复的质量）。在笔者看来，高质量的回复应该是建立在认真回复用户观点的基础上的。如果运营者的回复与用户的评论风马牛不相及，用户就会觉得回复是一种敷衍。因此，对于这种没有质量的回复，通常大部分用户是不会买账的。

其实，要保证回复内容的质量也很简单。其中一种比较有效的方法就是针对用户评论中的重点内容进行回复。图 8-16 所示为某运营者认真回复用户的评论。

图 8-16 某运营者认真回复用户的评论

可以看到，该运营者就是根据用户的评论，认真进行回复的。这种回复能够很好地保障回复内容与用户关注重点的一致性，所以回复质量总体来说都是比较高的。

## 8.4.2 积极回复，博取用户好感

运营者应该尽可能在第一时间回复用户的评论，这主要有两个方面的好处：一是快速回复能够让用户感觉到受重视，这样自然能增加这些用户对运营者视频号的好感；二是回复评论能够从一定程度上增加短视频的热度，增加视频曝光率。

那么，如何做到第一时间回复用户的评论呢？其中一种比较有效的方法

就是在短视频发布的一段时间内,及时查看用户的评论。一旦发现有新的评论,便在第一时间做出回复。图 8-17 所示为两个短视频的评论区。可以看到运营者在用户评论完之后便迅速做出了回复。

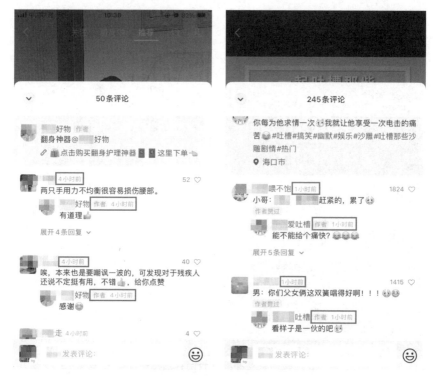

图 8-17  两个短视频的评价区

### 8.4.3  语言风趣,获得用户欣赏

语言的表达是有技巧的,有时候明明是同样的意思,但由于表达方式的不同,最终产生的效果也有很大的差异。通常来说,风趣的语言表达会比那些毫无趣味的表达更能吸引用户的目光,也更能获得用户的点赞。

因此,在回复用户的评论时,运营者可以尽量让自己的表达更加风趣一些。图 8-18 所示为某短视频的评论界面。可以看到该运营者的回复在语言的表达上都比较风趣。也正是因为如此,用户看到运营者的回复之后,互动率都提高了不少。

视频号：优质文案让作品上大热门

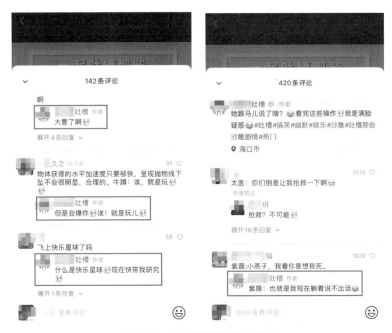

图 8-18　某短视频的评论界面

## 8.4.4　面对吐槽，积极心态应对

　　在现实生活中会有一些喜欢抬杠的人，在网络上，也有许多人因为披上了"马甲"，直接变身为"畅所欲言"的键盘侠。对于这些喜欢吐槽，甚至是语言中带有恶意的人，运营者一定要有良好的心态。千万不能因为这些人的恶意而与其互喷，否则会对账号产生负面影响，许多用户可能会转变为黑粉。

　　其实，在面对用户带有恶意的评论时，不与其互喷，而是以良好的心态进行处理，也是一种有素质的表现。这种素质有时也能成功获取其他用户的关注。那么，在面对用户的吐槽时，要如何进行处理呢？在这里，笔者就给大家提供两种方案。

　　一种方案是用幽默的语言回复吐槽，如图 8-19 所示。面对用户"不好看""觉得土"的负面评论时，运营者并没有选择以牙还牙，来表达自己的不满情绪，而是积极地面对，通过略带幽默的话语回应吐槽，向用户寻求建议改进，或者选择一笑而过。

图 8-19　用幽默的方式应对吐槽

另一种方案是对于恶意的吐槽,直接选择不回复,避免造成语言上的冲突,如图 8-20 所示。可以看到其中部分用户的评论是带有恶意的,而运营者并没有进行回复。当然,在实际操作时,运营者也可以将这两种方案结合使用。比如,当吐槽比较多时,可以用幽默的表达回复排在前面的几个评论。而那些排在后面的吐槽,直接选择不回复就好了,删除恶意评论也是一种好办法。

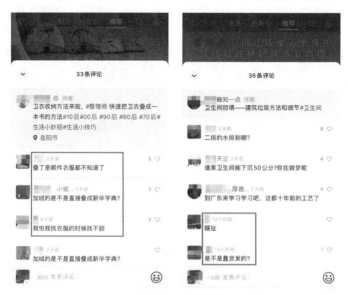

图 8-20　对于恶意吐槽选择不回复

👤 视频号：优质文案让作品上大热门

## 8.4.5 重视细节，转化潜在用户

俗话说得好，细节决定成败，运营者如果在视频号的运营过程中，对细节不够重视，那么用户就会觉得有些被敷衍。在这种情况下，很可能会出现粉丝快速流失。相反地，如果运营者对细节足够重视，而用户在感受到你的用心之后，也会更愿意成为你的粉丝。

图 8-21 所示为两个视频号的评论界面。面对用户的积极评论和赞扬，运营者也通过点赞和回复，向用户表达感谢。看到感谢之后，用户就会感受到运营者的心意，甚至因此选择关注运营者的账号，这样便实现了粉丝的转化。

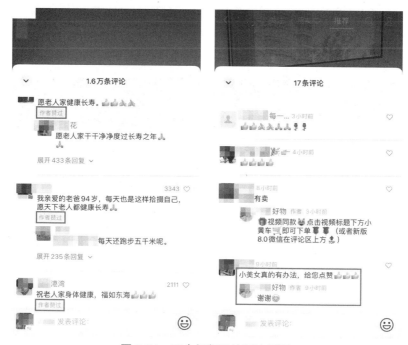

**图 8-21 两个视频号的评论界面**

需要注意的是，对于同一个问题，或者相似的问题，运营者最好不要重复回复，这主要有两个原因。

一是很多用户的评论中或多或少会有一些营销的痕迹，如果重复回复，那么整个评论界面便会看到很多有广告痕迹的内容，而这些内容往往会让用户产生反感情绪。

二是相似的问题，点赞相对较高的会排到评论的靠前位置，运营者只需

对点赞较高的问题进行回复，其他有相似问题的用户自然就能看到。而且还能减少评论回复的工作量，节省人量的时间。

## 8.4.6  做好检查，避免低级错误

运营者在回复用户的评论时，要做好回复内容的检查工作，尽可能地避免、减少回复内容的错误。这一点很重要，因为如果运营者的回复中出现了错误，用户就会觉得运营者在回复评论时不够用心。

那么，如何做好回复内容的检查呢？笔者认为，在检查回复内容时，需要重点做好两项内容的检查：一是文字；二是排版。图 8-22 所示为两个有错别字的短视频评论界面。可以看到，运营者在回复评论时，将"跟"和"只"分别写成了"根"和"止"，这是很明显的文字错误。

**图 8-22  两个有错别字的短视频评论界面**

对于一些敏感的问题和敏感的词汇，运营者在回复评论时一定要尽可能地进行规避。

# 第9章

# B站：文案加持打造出火爆的内容

　　B站与之前介绍过的短视频平台有所不同，之前的短视频平台会自动播放视频，而B站需要用户点击相应的视频才能观看。那么，UP主怎样才能第一时间让用户对自己的内容感兴趣，并提高视频的点击率和完播率呢？这一章，笔者将介绍如何打造B站独特的人设标签、发布文案的最优方法以及如何正确管理视频内容等，帮助每一位想要在B站打造火爆视频的UP主，轻松获得百万流量。

## 9.1 策划文案：5 个方法打造独特人设

在 UP 主准备进入 B 站视频创作领域之前，一定要对自己进行定位，对将要拍摄的视频内容进行定位，并根据这个定位来策划和编写视频文案，这样才能快速形成独特鲜明的人设标签。

### 9.1.1 打造 IP，提高账号辨识度

如今，IP 常常用来指代那些有人气的东西，包括现实人物、书籍动漫、影视作品、虚拟人物、游戏、景点、综艺节目以及艺术品等，IP 可以用来指代一切火爆的元素。IP 的主要特点有以下几点。

（1）人格化，IP 具有能够快速被人记住的形象特征。

（2）小众化，IP 可以满足部分群体或小众群体的特殊需求。

（3）传播广，IP 能够持续生产和传播特定的内容、产品。

（4）影响大，IP 通常可以抢占新的平台或风口，从而让大部分人能够看到，并影响他们。

在 B 站视频领域中，个人 IP 就是基于账号定位来打造的，而超级 IP 不仅有明确的账号定位，而且还能够跨界发展。下面笔者总结了两个 UP 主的 IP 特点，如表 9-1 所示。用户可以从中发现他们的风格特点，从而更好地规划自己的短视频内容定位。

表 9-1　B 站 UP 主的 IP 特点分析

| B 站 UP 主 | 粉丝数量 | IP 内容特点 |
| --- | --- | --- |
| 小片片说大片 | 432.6 万 | "小片片说大片"主要以解说影视剧为主，以犀利精辟的语句和快速的解说语调深受粉丝欢迎。此外，解说影视剧的角度往往与其他 UP 主不同，且解读更为深刻 |
| 美食作家王刚 R | 540.8 万 | "美食作家王刚 R"是一个 29 岁的小伙，他教人做菜的视频与抖音、快手上的网红不一样，画面简洁粗暴，没有加任何滤镜。而且，视频中做的菜肴大多是家常菜，用户可操作、可复制性很强 |

B 站：文案加持打造出火爆的内容

通过分析上面这两个 UP 主，我们可以看到，他们身上都有非常明显的个人标签，这些就是他们的 IP 特点，能够让他们的内容风格更加明确和统一，让他们的人物形象深深印在粉丝的脑海中。

对于普通人来说，在这个新媒体时代，要变成超级 IP 并不难，关键是我们如何去做。下面笔者总结了一些打造 IP 的方法，如图 9-1 所示。

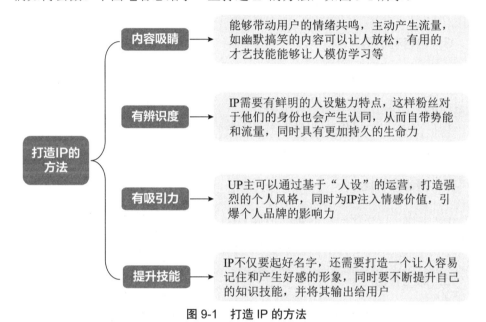

图 9-1　打造 IP 的方法

## 9.1.2　策划剧本，遵循 5 个规则

B 站上大部分上热门推荐的视频，都是经过拍摄者精心策划的。因此，剧本文案策划也是成就热门视频的重要条件。视频剧本可以让剧情始终围绕主题，保证内容的方向不会产生偏差。

在策划剧本文案时，UP 主需要注意以下 5 个规则。

### 1. 选题有创意

视频的选题尽量独特有创意，同时要建立自己的选题库和标准的工作流程，不仅能够提高创作的效率，而且还可以刺激观众持续观看的欲望。例如，UP 主可以多收集一些热点加入选题库中，然后结合这些热点来创作文案。

### 2. 剧情有落差

B站和抖音、快手这些短视频平台不同，视频时间长的有几个小时，短的可能只有几分钟。如果UP主想要在短时间内将大量的信息叙述出来，可以将剧本内容设计得更紧凑一些。尽管如此，UP主还是要脑洞大开，在剧情上安排一些高低落差，来吸引观众的眼球。

### 3. 内容有价值

不管是哪种内容，UP主都要尽量给观众带来价值，让用户值得为这个视频付出时间成本。例如，UP主如果做搞笑类或鬼畜类的视频，那么就需要能够给用户带来快乐；UP主如果做美食类的视频，那么食材要容易购买，烹饪方法要容易上手。

### 4. 情感有对比

UP主也可以采用一些简单的拍摄手法，来展现生活中的场景，同时也可以加入更容易打动观众的情感元素，带动用户情绪。

### 5. 时间有把控

UP主需要合理地安排视频的时间节奏。一般来说，笔者建议UP主将时长控制在半小时以内，如果时长超过半小时，那么用户很难坚持看下去；如果时长只有十几秒，则难以讲述一个完整而又意味深长的故事。

策划剧本，就好像写一篇作文，除了有主题思想，其开头、中间以及结尾也很重要。此外，情节的设计就是丰富剧本的组成部分，也可以看成是小说中的情节设置。一篇吸引人的小说必定少不了跌宕起伏的情节，短视频的剧本也是一样，因此在策划时要注意以下3点，如图9-2所示。

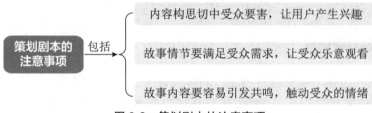

图9-2　策划剧本的注意事项

👤 B 站：文案加持打造出火爆的内容

## 9.1.3　真人出镜，择优选择演员

创作好剧本后，接着就需要选择演员来演绎剧本内容了。对于 B 站真人出镜的视频作品来说，往往会受到更多人的欢迎。下面笔者总结了一些拍摄视频时选择演员的技巧，如图 9-3 所示。

当然，拍摄短视频需要做的工作还有很多，比如策划、拍摄、剪辑、包装和运营等。譬如，UP 主拍摄的视频内容为生活垂直类，每周推出 2 ～ 3 集内容，每集为 5 分钟左右，那么大概 4 ～ 5 个人就够了，可以分别负责编导、运营、拍摄和剪辑工作。

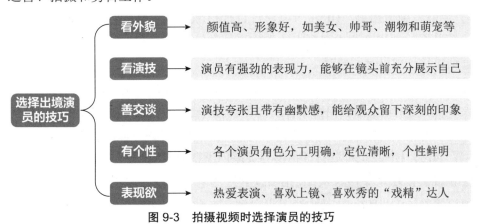

图 9-3　拍摄视频时选择演员的技巧

**专家提醒**
ZhuanJiaTiXing

招聘人员在任何行业和企业都是一大难题，但实际上，如果已经有了明确的目标，选择就不会太难。如果没有明确的目标和需求，那么也不亚于大海捞针。因此，对于视频团队而言，招聘员工要遵循相应的流程。只有如此才能有条不紊，招到合适的员工，具体的招聘流程如图 9-4 所示。

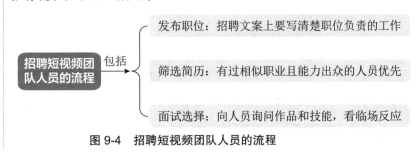

图 9-4　招聘短视频团队人员的流程

### 9.1.4  多样选材，优化视频内容

视频拍摄题材很多，B 站热门的视频题材主要有搞笑鬼畜类、舞蹈类、音乐类、美食类等，但限于篇幅，笔者仅以搞笑类题材作为分析对象。

打开 B 站热门推荐，随便点开几个视频，就会看到其中有搞笑类的视频内容。这是因为视频毕竟是人们在闲暇时间用来放松或消遣的娱乐方式，因此平台也非常喜欢这种搞笑类的短视频内容，更愿意将这些内容推送给观众，增加观众对平台的好感，同时让平台变得更为活跃。

UP 主在拍摄搞笑类短视频时，可以从以下几个方面入手来创作内容。

（1）剧情恶搞。UP 主可以通过自行招募演员、策划剧本，来拍摄具有搞笑风格的视频。这类视频中的人物形体和动作通常都比较夸张，同时语言幽默搞笑，感染力非常强。

（2）犀利吐槽。对于语言表达能力比较强的 UP 主来说，可以直接用真人出镜的方式，上演脱口秀节目，吐槽一些接地气的热门话题或者各种趣事，加上非常夸张的造型、神态和表演，来给观众留下深刻印象，吸引粉丝关注。

当然，UP 主也可以自行拍摄各类原创幽默搞笑段子，变身搞笑达人，轻松获得大量粉丝关注。例如，B 站 UP 主"老番茄"，就是一个专门生产各种搞笑段子的大 IP，主要内容是以"解压、放松和搞笑"为主题的短视频，在 B 站获得了 1485.5 万粉丝关注，点赞量达 8940.6 万次，如图 9-5 所示。

图 9-5  "老番茄"B 站账号

由此我们可以看出，幽默搞笑的内容是拥有众多用户群体的。当然，这

些搞笑段子内容最好来源于生活，与大家的生活息息相关，或者就是发生在自己周围的事，这样会让人们产生亲切感。另外，搞笑类视频的内容面非常广，各种酸甜苦辣应有尽有，不容易让观众产生审美疲劳，这也是很多人喜欢搞笑段子的原因。

## 9.1.5　创意拍摄，掌握制作技巧

创意视频指的是游戏录屏、电影解说、课程教学、剧情反转等类型的视频，一般来说，这类视频都融入了 UP 主的创意，让人看得意犹未尽。下面笔者以电影解说类创意视频为例进行具体分析。

在 B 站经常可以看到各种电影解说的视频作品，这种内容创作形式相对简单，只要会剪辑软件的基本操作即可完成。电影解说视频的主要内容形式为剪辑电影中的主要剧情桥段，同时加上语速轻快、幽默诙谐的配音解说。

这种内容形式的主要难点在于，UP 主需要在短时间内将电影内容说出来，这需要 UP 主具有极强的文案策划能力，能够让观众对电影情节产生一个大致的了解。电影解说类视频的制作技巧如图 9-6 所示。

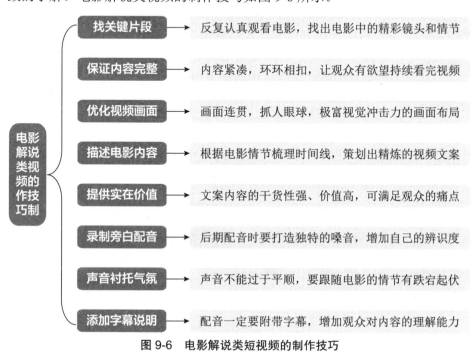

图 9-6　电影解说类短视频的制作技巧

除了直接解说电影内容进行二次原创外，UP 主也可以将多个影视作品进行排名对比，做一个 TOP 排行榜，对比的元素可以多种多样。以金庸的影视作品为例，可以策划出"武功最高的十大高手""最美五大女主角""最厉害的十种武功秘籍""最感人的十个镜头"以及"人气最高的五大男主角"等视频内容。

## 9.2　发布文案，6 个方面推广爆款内容

对于 B 站 UP 主来说，要获取可观的收益，关键在于获得足够的流量。而 UP 主在运营过程中需要做的就是通过发布爆款文案推广，让用户关注你的账号。那么如何在 B 站轻松拥有百万级流量呢？笔者在这一节将进行介绍。

### 9.2.1　专栏文案，注重图文美观

专栏是 UP 主在 B 站发布非视频形式内容的阵地，专栏也是展示文案的绝佳"宝地"，当 UP 主在 B 站专栏区投稿时，既可以在专栏封面上花心思，也可以在专栏评论上"做文章"。UP 主在专栏发布文章时要注重美观性，专栏的封面是否精美别致是能否吸引用户的重要因素。图 9-7 所示为专栏封面的对比。

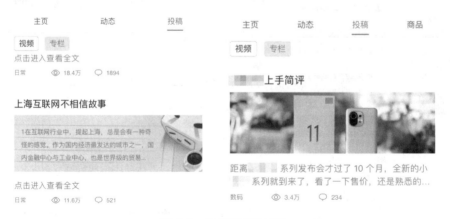

图 9-7　专栏封面的对比

通过对比，我们可以看出，左边使用默认格式的专栏封面比较普通，没有亮点；而右边图文结合的封面则让人眼前一亮，更让人有点击阅读的欲望。UP 主们可以根据第 3 章介绍过的技巧，根据文章内容和账号风格，为专栏选取一个恰当的封面，提高专栏的点击率。

除了图文结合的专栏封面要注重精美外，专栏中的文案版面也要让用户赏心悦目，不能整页长篇大论，让用户看了觉得枯燥无味。图 9-8 所示为专栏文案的对比。

**图 9-8 专栏文案的对比**

左边这篇专栏在介绍某款手机的拍照功能时，用图片展现了拍摄的具体效果，再配合文字讲解，不仅能让用户更加直观地感受到这款手机的强大功能，还能缓解用户全篇只看文字的疲劳压力。而右边这篇专栏为纯文字文案与之对比，则显得枯燥无味，UP 主用文字介绍胶片色彩，远不如直接展示图片让用户感受更为真实。

当 UP 主在专栏发布文章后，可以在评论区补充评论，或者适当挑选一些评论进行回复，以此来吸引更多的用户，如图 9-9 所示。

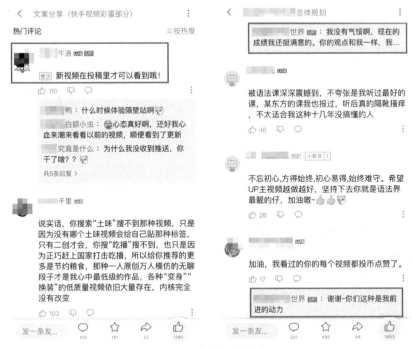

图 9-9　专栏评论文案

## 9.2.2　视频文案，把握 3 个"门面"

UP 主通过视频展现文案，主要有 3 种手段，分别是视频标题文案、视频封面文案和视频简介文案。UP 主们想要通过爆款文案紧紧抓住用户的眼球，就要重点把握这 3 个"门面"。

### 1. 视频标题文案

视频标题是吸引用户注意的重要因素之一，用户首先看到视频的标题，如果标题让用户对视频内容产生了兴趣，用户才会有点击查看视频具体内容的操作。因此，UP 主们要走好这关键的第一步，打造一个吸睛的标题文案。

图 9-10 所示为两个风格统一的标题文案。虽然这两个 UP 主运营的领域不一样，但在标题文案的表达风格上，都采取了一致的疑问式风格。疑问式的标题文案可以激发用户的好奇心，从而提高视频的点击率。

👤 B 站：文案加持打造出火爆的内容

图 9-10　风格统一的标题文案

## 2. 视频简介文案

B 站视频下方的简介不仅是有简短介绍视频内容的作用，UP 主们还可以适当添加一些文案信息，比如放置其他平台的账号信息引流等，如图 9-11 所示。

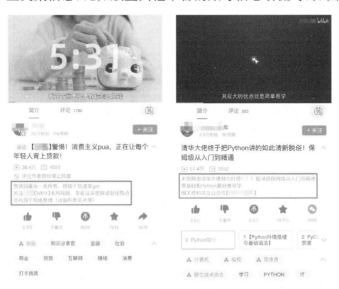

图 9-11　视频简介文案

精彩的视频简介能够提升用户观看视频的动力，增加用户一键三连的几率。一键三连是指长按点赞按钮，用户则可以同时对 UP 主发布的视频进行点赞、投币和收藏操作，这是 B 站特有的支持 UP 主的方式。视频的支持率越高，上首页热门的概率就越大。UP 主在撰写视频简介文案时，要注意以下几个问题。

- 视频简介的文案要简短精炼，多使用网络热词以及紧跟社会热点，让用户保持新鲜感。
- 正确的视频分区，将视频内容与行业领域紧密联系，以此吸引更多有黏性的目标用户。
- 简介文案中切忌出现敏感词汇。

### 3. 视频封面文案

除了标题文案之外，醒目的视频封面也同样能在第一时间抓住用户的眼球，UP 主们可以根据自己所在的领域选择合适风格的封面。例如，摄影领域 UP 主可以采用拍摄器材或拍摄作品作为视频封面，美食领域 UP 主则可以采用食物的照片作为视频封面。

无论是哪种领域的视频封面，它们的制作方法都有一个共同之处，那就是可以采用图文结合的方式。色彩明亮的图片再加上简明扼要的文案，这样不仅能让用户对视频增加印象，还能直截了当地了解到视频讲的是什么内容。图 9-12 所示为图文结合的视频封面。

图 9-12　图文结合的视频封面

👤 B 站：文案加持打造出火爆的内容

## 9.2.3　弹幕文案，关注热门话题

弹幕是指用户在观看视频时，视频界面中实时滚动或弹出的评论性字幕，如有翻译弹幕、玩梗弹幕、解说弹幕以及预警弹幕，B 站就是典型的弹幕式视频网站。

弹幕的发布量可以直观地反映出用户对视频内容的反馈度，视频中弹幕量高的片段，则表示这部分的内容更有讨论度。UP 主可以重点分析热门时段的弹幕内容，深入了解用户的内容取向，从而继续优化视频内容。图 9-13 所示为不同弹幕量的视频片段。

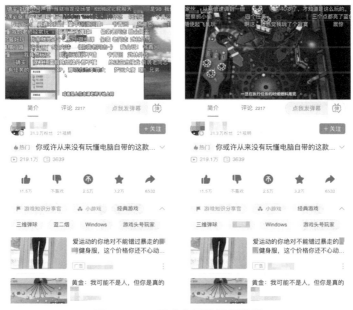

**图 9-13　不同弹幕量的视频片段**

弹幕不仅能让用户自由表达观点，还能增加用户观看视频的趣味性，有些弹幕文案的精彩程度并不亚于视频内容。弹幕多的视频甚至能带给用户强烈的视觉刺激，用户看到如此受欢迎的视频，也会对内容产生兴趣，从而提高视频的完播率。

UP 主也可以根据用户发送的弹幕，选取一些高频词汇作为文案关键词，生产一些用户都感兴趣的内容。这样用户能看到更多符合口味的视频内容，UP 主也能提高用户的留存率和视频影响力。

### 9.2.4　认证文案，增加用户信任

无论在哪个平台，运营者能得到官方的认可，就代表拥有了官方推广的优势，B站获得官方认可的标志之一，就是获得UP主认证。当UP主的个人认证通过审核时，认证信息会显示在个人主页中，图标为黄色 ⚡，企业认证图标则为蓝色 ⚡。如果UP主获得了官方荣誉，比如"bilibili 2020新人UP主"，那么该荣誉也会显示在认证信息里，如图9-14所示。

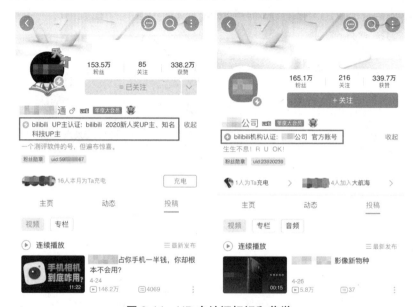

图 9-14　UP 主认证标识和荣誉

无论是个人认证、企业认证还是官方荣誉，都可以增加UP主的权威性，以此吸引更多的粉丝。

### 9.2.5　造势文案，借力扩大影响

虽然企业或个人在平台上的力量有限，但这并不能否定其内容的传播影响力。要想让目标用户通过文案了解内容，比较常用的招式就是为内容造势。

#### 1. 总结性的内容

扣住"十大"就是典型的总结性内容之一。所谓扣住"十大"，就是指

在标题中加入"十大"之类的词语，例如《十大良心网站推荐》《电影中五个自带 BGM 出场的男人》等。这种类型视频标题的主要特点就是传播率广、在网站上容易被转载和容易产生一定的影响力。

### 2. 传播轰动信息

UP 主可以给受众传递轰动、爆炸式的信息，借助公众人物来为自己文案造势，兼具轰动性和颠覆性，能够立刻吸引 B 站用户的眼球。

在这个信息泛滥的时代，想要从众多的视频中脱颖而出，就要制造一定的噱头，用语出惊人的文案吸引受众的眼球。例如，UP 主们可以从 B 站热搜中获取实时的轰动消息，以此编写文案，为视频造势。图 9-15 所示为以轰动信息为主题的视频。

图 9-15　以轰动信息为主题的视频

## 9.2.6　福利文案，提供实在利益

我们常常能在 B 站上看到一些 UP 主做抽奖活动，给粉丝送出一些周边或电子产品。这种做法不仅可以提高 UP 主在粉丝心目中的形象，增强粉丝的黏性。同样，因为能带来实质的利益，所以能吸引更多其他用户关注 UP 主。这种福利文案不仅能在视频标题上展现，同样也能发布在动态中，如图 9-16 所示。

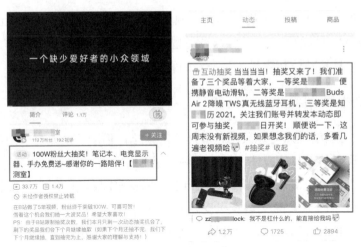

图 9-16　福利文案

## 9.3 管理内容，两个要点保护版权

UP 主想要在 B 站视频平台获得一席之地，首先就要清楚地了解并且遵守平台的规则，只有做到合法合规，才能够保证视频正常传播。这一节，笔者着重介绍 B 站视频平台的相关规则，以及为视频添加水印，保护 UP 主版权、增加视频影响力的方法。

### 9.3.1　添加水印，保护视频版权

UP 主辛辛苦苦制作的视频在平台发布后，很有可能就被其他人转载、搬运至其他平台上。因此，UP 主可以选择在视频上添加水印，这样不仅能够增加个人标识，防止被侵权，还能够作为一种渠道推广引流。

B 站移动客户端和电脑网页端都可以给视频设置水印，下面首先示范在移动客户端给视频添加水印的操作。

**步骤 01**　打开 B 站移动客户端，进入"我的"界面，选择"创作首页"选项，如图 9-17 所示。

**步骤 02**　进入"创作中心"界面，选择"更多功能"选项，如图 9-18 所示。

👤 B站：文案加持打造出火爆的内容

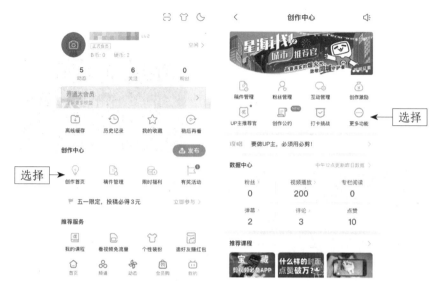

图 9-17 选择"创作首页"选项     图 9-18 选择"更多功能"选项

**步骤03** 进入"更多功能"界面，选择"创作设置"选项，如图 9-19 所示。

**步骤04** 进入"创作设置"界面，选择"水印设置"选项，如图 9-20 所示。

图 9-19 选择"创作设置"选项     图 9-20 选择"水印设置"选项

**步骤05** 进入"水印设置"界面，点击"添加水印"开关按钮，打开该功能，如图 9-21 所示。

**步骤 06** 即可设置视频的水印效果，如图 9-22 所示。

图 9-21　点击"添加水印"开关按钮　　　图 9-22　水印效果

UP 主登录 B 站官网，进入"创作中心"界面，即可在电脑网页端设置水印，具体操作如下。

**步骤 01** 进入 B 站官网，在"创作中心"界面选择"创作设置"选项，如图 9-23 所示。

图 9-23　选择"创作设置"选项

👤 B站：文案加持打造出火爆的内容

**步骤 02**　执行操作后，网页会自动跳转至"创作设置"界面，单击"原创视频添加水印设置"选项右侧的"编辑"按钮，如图 9-24 所示。

图 9-24　单击"编辑"按钮

**步骤 03**　网页自动展开"原创视频添加水印设置"面板后，单击"原创视频稿件添加水印"选项右侧的开关按钮，即可开启水印，如图 9-25 所示。

创作设置

原创视频添加水印设置　　　　　　　　　　　　　　　　　收起

原创视频稿件添加水印 ◯◯ ◀── 单击
原创视频稿件添加水印 对开启后新上传的视频有效

选择水印位置
好的位置可以帮助水印在盗播时不被遮挡，为自己正名

图 9-25　单击"原创视频稿件添加水印"开关按钮

**步骤 04**　接下来进行自定义水印的操作，在"原创视频添加水印设置"面板里单击"选择位置"按钮，如图 9-26 所示。

**图 9-26 单击"选择位置"按钮**

**步骤 05** 在"原创视频添加水印设置"面板自定义好水印位置，❶选择展示水印的位置；❷单击下方的"确认修改"按钮，如图 9-27 所示。

**图 9-27 单击相应按钮**

**专家提醒**
ZhuanJiaTiXing

UP 主要注意的是，添加水印功能不是实时生效的，它是在下一个视频上传之后才能生效，在此之前的视频都是无水印的。因此，建议 UP 主在开通账号后立即打开添加水印功能。

## 9.3.2 平台规则，重点了解掌握

B 站除了每个内容区都有诸多规则外，其内容和投稿也有不少规则，UP 主只有先了解这些规则，才能在 B 站视频平台上少走弯路。下面笔者就一一进行介绍。

### 1. 对稿件内容的要求

B 站的稿件内容虽然广泛，但 B 站对 UP 主稿件内容也有以下限制。

（1）稿件内容中不能出现有恶意诋毁和侮辱性言论。

（2）稿件内容中不能出现有反动、色情、宗教、政治，以及其他违反国家相关法律的内容。

（3）稿件内容中禁止出现有引起观看者不适或过度猎奇的内容。

（4）稿件内容中禁止出现有其他涉及违反有关部门条例规定要求的内容。

（5）稿件内容中禁止出现有较大争议性的内容。

### 2. 对稿件信息的要求

B 站对稿件信息也有严格要求，UP 主按照 B 站官方的要求填写稿件信息，有利于缩短审核时间。

（1）封面

B 站对于封面的要求如下。

● B 站视频封面图的内容要与视频内容一致，最好是视频内容截图，或提炼视频中的关键内容。

● 封面图不能使用动态图片，也不能出现违规内容，包括但不限于色情、恶心、暴力、血腥、钱币、国旗以及政治等内容。

（2）标题

B站官方关于投稿标题的要求如下。

- B站受众用户为中文用户，投稿标题UP主应该尽量使用中文，如果标题中有外语翻译UP主应尽量使用规范译名（譬如，法国大作家Camus常见翻译是"加缪"，而某些地方翻译为"卡谬"，此处应该翻译为"加缪"），某些人名、机构名等专有名词应遵循约定俗成的原则，可不翻译。

- B站官方禁止视频标题中出现视频或音频测试相关文字，同时也禁止UP主在标题中填写与视频内容无关、引战、谩骂等标题。

（3）标签

B站官方关于标签的要求如下。

- 为了UP主的内容能被用户搜索到，UP主填写的标签必须准确无误。
- UP主不要填写与内容无关或者无意义的标签。

（4）投稿类型

B站官方关于投稿类型的要求如下。

- UP主搬运和转载视频统一视为转载，个人原创作品或二次创作作品可选择自制。

- UP主代替他人投稿属于转载，盗用他人内容冒充自制属于严重违规行为，会受到官方的制裁。

（5）视频简介

B站官方关于视频简介的要求如下。

- 视频简介中禁止发表恶意诋毁和侮辱性言论。

- 视频简介中禁止发表带有反动、色情、宗教、政治及其他违反国家相关法律的内容。

- UP主视频中涉及的素材需要在简介中标明。

## 3. 非自制内容的范围

B站对于非自制稿件有着严格的定义，UP主需要根据具体情况判断自己的作品是否为自制稿件。图9-28所示为非自制稿件标准及例子。

关于全站投稿人编辑不属于自制稿件的例子（包括不仅限于以下5点）。

1.无加工的纯片段截取：加工指对原片包括不仅限于添加特效包装，文字点评，改图，音轨替换，添加配音，等二次加工行为。

2.字幕：未经版权方授权的翻译字幕不属于自制类型。

3.录屏：对投稿人没有参与制作、编辑加工的作品进行录播。

4.他人代投（包括授权搬运）：非原作者或其创作团队的账号在站内协助原作者进行投稿。

5.其他低创内容，包括不仅限于例如：

（1）自行购碟压制上传、单纯倍速播放、倒放、镜像、调色、补帧等；

（2）非官方人员或原作者参与的摄像、录制的正式live现场录像视频之后会根据具体情况不断补充完善规则，此规则适用于公示之后的稿件。

图 9-28　非自制稿件具体标准及例子

### 4. 版权相关注意事项

随着人们对版权的重视和相关版权法律的完善，侵犯版权成了 UP 主视频制作上最容易遇到的一大难题。因此，UP 主可以通过对版权知识的了解，以规避相关的版权问题。

（1）公共领域

作品失去版权之后会被归入"公共领域"，而公共领域的作品是大家都可以免费使用的。在我国现行法律制度下，公民作品的版权保护期限为作者终生加上其去世后的 50 年，也就是说作者去世后 50 年，作品会自动归入"公共领域"，失去版权保护。

最典型的案例就是 2016 年的电影《不成问题的问题》，它改编自著名作家老舍的同名小说，而老舍已去世超过 50 年，因此我们可以判断该导演改编的小说《不成问题的问题》是属于"公共领域"的作品，无须支付版权费用。

（2）合理使用

合理使用是一项法律原则。具体来说，在某种特殊情况下，UP 主即使没得到版权所有者的相关许可，但可以重复使用某些受版权保护的材料。

一般来说，判断使用者是否合理使用版权作品，可以从以下要素进行分析：版权使用目的、版权使用原则、版权作品性质、版权作品使用量、作品价值或潜在市场。

（3）演绎作品

演绎作品是指获得许可后，在保持原作基础内容和核心思想的情况下，增加演绎者自己的理解和独创性解读而形成的作品，如翻译、改编和续作等。

### 5. 对稿件的其他规则

B站对UP主稿件的其他规则，如撞车规则、分页规则、分区规则和退回规则等，如图9-29所示。

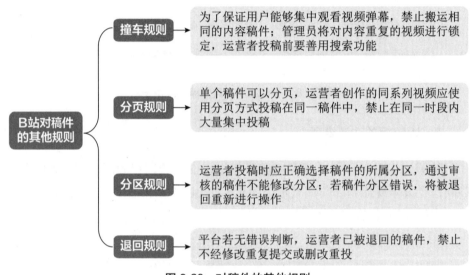

图 9-29　对稿件的其他规则

# 第10章

# 西瓜视频：优化文案成为平台爆款

西瓜视频作为中视频平台，平台发布的多为横屏模式的视频。运营者该如何在西瓜视频上发布爆款视频呢？这一章，笔者将为大家介绍 3 个精准展示爆款优势的方法和两个爆款视频的关键点，并分析西瓜视频上的低质标题和封面，以及优化的方法，相信大家运营西瓜视频更加如鱼得水。

## 10.1 爆款优势，3 个方法精准展示

对于运营者来说，爆款的打造首先就要把握好制造爆款视频的关键点，这里的关键点包括运营者要精准定位目标对象，并且深入了解目标用户的心理，满足他们的诉求，以及先下手为强，率先抢占市场。这些要素是打造爆款的重要环节，必不可少。

### 10.1.1 营销对象，足够精准

打造一个成功的爆款，最关键的一点就是找准用户进行针对性营销。运营者要清楚地了解自己的目标对象是谁。不仅如此，运营者最好还能生动形象地描述出用户的各种特性以及喜欢的模式，并在此基础上进行营销。

那么，应该如何找准目标用户呢？方法有两种，一种是根据年龄来分段，另一种是按照兴趣爱好来划分，下面依次给大家介绍。

#### 1. 根据年龄分段

营销与人密不可分，研究营销之前一定要先了解人。因此，打造爆款也少不了对用户心理的掌控。根据年龄来分段的要点具体如下。

（1）根据 5 岁这个年龄范围对用户进行划分（例如：21 ～ 25 岁、26 ～ 30 岁）。

（2）与相应年龄层的用户深入交流。

（3）花几分钟时间形容用户。

提供给客户"对症下药"的视频是很有必要的。举个例子，同样是面膜，不同年龄段的用户对其功能的需求是不同的。20 岁左右的用户可能需要护肤补水型的面膜，而 40 岁左右的用户则可能更需要抗衰老型的面膜。此时，我们需要做的就是根据用户的需求进行针对性的推荐。

为了寻找到特定的目标消费群体，了解他们独有的消费需求，就应该学会为不同类型的用户提供相对应的产品或服务。如果不这么做，就很难找准

受众，那么打造爆款也就成了空谈。

因此，要根据年龄分段去明确目标群体，运营者可以利用这些群体年纪相仿的特性，找到他们相似的地方，即"共性"。然后根据他们的共同特征，尝试着从他们感兴趣的事物中进行挖掘。如此一来，就能准确知道他们的想法和需求，从而打造出受人欢迎的爆款。

### 2. 按照兴趣爱好划分

按照兴趣爱好划分营销对象，与用户的年龄无关。比如很多人跨越年龄的鸿沟，彼此却成为要好的朋友，只因为他们有相同的兴趣爱好。

比如喜欢看电影的人，无论是"80后"、还是"90后"都喜欢去电影院看电影，因为他们都是喜欢享受影院氛围的人群。所以说，"物以类聚，人以群分"还是有它的道理的。因此，按照兴趣爱好划分用户有效打破了年龄的限制，让不同年龄的人对同一种产品情有独钟。

例如，喜欢小米手机的可能是喜欢创新的科技爱好者，喜欢特斯拉汽车的可能是时尚家、创业达人。由此不难看出，相同类型的人对品牌的喜爱是建立在共同的兴趣爱好上的，这与年龄阶段的关系不大。我们需要明确的是，打造成功的爆款就需要抓住用户的特点，进行针对性营销。

## 10.1.2 用户心理，满足诉求

那么如何成为爆款？第一要素是满足用户的诉求。做好视频营销有两点颇为重要：一是抓住部分用户；二是满足用户真实需求。

当今社会，是电视广告打造品牌的时代，企业和商家都在强调卖点的重要性，即产品的优势及特征。与卖点不同，痛点强调的是用户的诉求和体验，主要是从用户自身出发的。

比如，小米击中了大多数用户觉得智能手机价格太高的痛点，支付宝、微信支付解决了很多人觉得带现金出门麻烦的痛点。而打造爆款的重点就在于能够准确击中用户的痛点。痛点就是通过对人性的挖掘全面解析产品和市场；痛点就潜藏在用户的身上，需要你去探索和发现；痛点就是正中用户的下怀，使他们对产品和服务产生渴望和需求。

## 10.1.3 及早入场，抢夺先机

在打造爆款的时候，比对手先下手就意味着拥有了赢在起跑线上的优势。在互联网发展得如火如荼的时代，不仅要把握好内容打造和发布的速度，而且还要抢先占领市场先机。除此之外，抢先一步占领用户的心智和头脑也很重要。

用户的心智和头脑综合起来就是其对产品的看法和定位。通俗一点说，就是用户脑海里浮现出某个名称、品种、观点以及事物的时候，最先想到的是品牌和产品，比如：大自然的搬运工——农夫山泉；我的眼里只有你——娃哈哈纯净水；送礼就送——脑白金等。

那么，为什么要抢占用户对产品的定位呢？主要有两个原因：一是用户接受的信息太多太杂；二是用户对所需产品有品牌要求。如果运营者不能抢占用户对产品的定位，将难以在用户心中留下深刻的印象，产品也很难与其他品牌竞争。

因此，爆款打造者需要比对手更早进场，全面且深入地占领用户的心智和头脑，稳稳地扎根于用户之中。以某种有机辣酱为例，这是一款时尚、新鲜的有机产品，其产品特色包括无转基因、无农药和无化肥。我们不妨把它与传统的辣酱相对比，就会发现这款辣酱的不足与优势所在，如表10-1所示。

表10-1 某有机辣酱与传统辣酱的比较

| 辣酱类别 | 优点 | 缺点 |
|---|---|---|
| 传统辣酱 | 比较开胃、保质期长 | 太油腻、口味重 |
| 某有机辣酱 | 香而不腻、辣而少油、健康营养 | 冷藏储存、保质期短、开罐7日内即食 |

面对这样的状况，该有机辣酱成了爆款，努力深挖产品特质，即新鲜和有机绿色。于是"鲜"就成了该有机辣椒酱的主打特色，连该品牌的微博头像都竭力突出一个"鲜"字。

值得注意的是，比对手更早入场也要注意不能太过急躁，不能为了打造爆款而犯以下错误。

（1）毫无目标的扩大受众的范围。

（2）仅仅利用广告就想获得用户对产品的认可。

## 10.2 爆款关键，两个方面重点把握

运营者要想在西瓜视频平台如鱼得水，让视频成为爆款、上热门，首先要重点把握视频选题和视频文案两个方面，本节笔者就为大家具体介绍。

### 10.2.1 视频选题，利用模板提升效率

很多运营者在拍摄视频的过程中，普遍都会遇到的困难就是不知道应该拍什么内容，运营者在拍摄视频之前，首先要选择视频的主题，确定内容，从而进行文案创作。那么如何进行视频选题呢？其实选题就和写作文一样，是可以套用模板进行创作的，使用模板进行文案创作，远比运营者苦想题材更有效率。下面笔者就为大家介绍 5 种常见的视频选题模板。

#### 1. 干货分享类

现在各大视频平台上，分享干货的账号内容比比皆是，而且这类视频的目标受众也很庞大。这是因为干货的内容非常广泛，如拍摄绝美星空的方法、提高视频完播率的 5 个技巧以及如何去除陈年污渍等。

运营者在发布旅游相关视频时，将游玩的最佳线路、拍照最好看的几个位置以及实惠又好吃的特色美食等信息，总结为该旅游景点的游玩攻略，图 10-1 所示为干货分享类视频示例。

**图 10-1 干货分享类视频示例**

各行各业都有不计其数的干货妙招，通过举例我们可以看出，只要运营者能给用户带来眼前一亮的感受和实质性的帮助，就会有源源不断的用户对运营者发布的视频内容感兴趣。这种实用的旅游攻略比单纯分享景色的视频更有价值，用户也能获取一定的信息和经验。用户都青睐能带来实质性帮助的内容，由此会关注运营者的账号，期待运营者带来更多的干货内容。

### 2. 奇人趣事类

用户对新鲜的内容更有兴趣，运营者要对各种新奇古怪的事件提高敏感度，在套用这类模板的时候，文案内容里一定要有故事性。讲故事并不是一件新鲜的事情，人们自古就着迷于故事的魅力，流传下来的故事可以追溯到数千年前。

承载故事的载体也是各种各样，比如古代石头刻画、雕像和壁画，现代的电影、电视剧和小说等。而现在，每个人都可以利用短视频平台来讲述故事，并且广泛传播。那么，如何利用短视频来讲好故事，吸引用户的关注呢？

运营者编写故事文案时要遵循逻辑、脑洞大开，首先为故事创作一个精彩的开头，吸引用户继续观看；接着在剧情上设置冲突、增加矛盾，让用户沉浸在高潮迭起的剧情中；最后就是结局，故事最终的走向是用户最关心的内容。运营者把握好了这几个要点，创作出精彩的故事文案，就能牢牢地吸引用户的关注，从而提高视频的播放量和完播率。

### 3. 独特体验类

每个人的日常生活和经历都是各不相同的，一个人的普通生活，对另一个人来说很可能就是一种独特的体验。因此，运营者可以寻找独特的视角来创作视频，满足用户的猎奇心。独特体验类选题范围很大，如：成为一名机长是一种什么体验？月收入 10 万的生活是怎样的？以及去南极旅游有哪些新奇体验等。图 10-2 所示为独特体验类视频。

运营者需要注意的是，并不是所有的体验类内容用户都爱看，大家在生活中常见的内容没有亮点，就很难激发用户的兴趣。因此，运营者在体验类模板的内容选择上，要做到"人无我有，人有我优"，才能给用户带来全新的感受。

西瓜视频：优化文案成为平台爆款

图 10-2　独特体验类视频

### 4. 对比对抗类

这类模板多出现在测评类博主的视频中，将两款不同的产品使用同一种软件或功能，通过实测效果对比二者的区别。用户看到这类视频，就会被激起好奇心，忍不住想要看到最后的结果。大家平时在电视上看到的比赛竞技，就属于典型的对比对抗类题材，两个队伍进行博弈，只有看到比赛结束才能知道最终结果。

运营者可以根据近期的热点话题、产品等进行对比，将差异化的内容展现给用户，如刚推出的新款手机，与同类竞款相比有什么区别？优势和劣势分别是什么？在视频中一一列举出来，为用户提供参考，如图 10-3 所示。

### 5. 探索挑战类

顾名思义，运营者在视频中尝试一些普通大众不会做的事情，越是非比寻常，就越是有更多用户乐意观看。运营者可以在视频开始就设置一个目标，一步一步完成挑战，用户也会被代入其中，更有参与感。图 10-4 所示为探索挑战类视频。

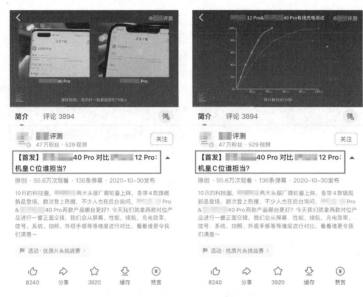

图 10-3　对比对抗类视频

图 10-4　探索挑战类视频

## 10.2.2　视频文案，用技巧增加点击率

用户在抖音、视频号这些短视频平台上刷视频时，只能一个接一个地往下滑动观看，而在西瓜视频上观看视频时，可以先浏览视频的标题和封面，再根据自己的兴趣和喜好决定要不要点击观看。因此，运营者在西瓜视频上

西瓜视频：优化文案成为平台爆款

发布视频时，要重点把握视频标题和视频封面的文案撰写技巧，下面笔者就分别对两者进行介绍。

## 1. 标题文案

很多人由于工作学习都比较繁忙，在碎片时间刷视频时，不会仔细去看文字，甚至很快就会跳过一些不太感兴趣的内容。运营者撰写文案时一定要注意到这个问题，编写标题文案如果不站在用户的角度思考，只会使自己制作的视频白白被浪费，无论花了多少心血，别人可能一句"无聊"就能全部白费。

所以，想要引起用户的注意、吸引他们的眼球，首先运营者可以选择在标题上下一些功夫，使视频变得能够激起用户的好奇心，提高点击率。接下来，笔者将介绍 3 种实用的标题写法。

（1）流行式的标题

所谓"流行式标题"，即拿网络上流传的热门语言为标题噱头，抓住新鲜感，如"凡尔赛""真香""好家伙"以及"打工人"等，来吸引用户的注意力，下面就来欣赏几则流行式标题案例，如图 10-5 所示。

图 10-5　流行式标题案例

这种朗朗上口的流行语言，可以给人们一种深刻的印象，在一定程度上还是能引起用户注意的。

（2）夺眼球式的标题

笔者比较推荐的就是夺眼球式的标题，因为流行式标题总归还是有一定的时效性，当流行时间过去了之后标题也就失去了新鲜感，不被人所认同甚至是认识了。"流行"总是来得快去得也快。

夺眼球式标题的目的就是利用一些语言上的漏洞或是双关去吸引用户的目光，增加点击量，以及造成一种不可思议的感觉。这种标题的写作思路往往就是不走寻常路，其内容使人觉得与平时的认知或者道理背道而驰。

夺眼球式标题与普通标题很容易就能对比出效果。如普通标题为"软文写作的一些指导意见"，夺眼球式标题为"他靠一篇软文赚了 500 万！"，哪一个更引人注意呢？对于普通读者来说，能与经济挂钩的话题，一般都能轻而易举地吸引注意力，从而进行深入了解。

夺眼球式标题一定要放大客户内心的渴望点，若客户需要减肥那就要点出快速减肥、高效减肥；若想育儿那就要体现育儿轻松不费力、省心又省力等，使得客户的自身需求与产品软文标题主题高度契合，从而来达到吸引客户注意力的作用。

比如：一个穿搭视频标题中含有"月薪 3000"和"高级感"字样的标题，会让人觉得眼前一亮，忍不住想要打开看一看，如图 10-6 所示。这种标题在写法上一般采用多种技巧进行综合，这些技巧运用的最终目的就是吸睛。

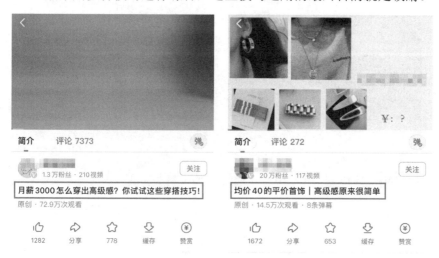

图 10-6　夺眼球式的标题

（3）励志式的标题

励志式标题就是现身说法，用自己或是公司企业奋斗的原型来讲述故事，以此来衬托努力的重要性，起到鼓舞用户的作用。

👤 西瓜视频：优化文案成为平台爆款

在现在这个追求高品质生活的社会，很多人都想努力提高自己的生活水平，可不知道要如何致富。这个时候可以给他们看一些励志式的视频，不仅能起到鼓舞士气的作用，还能让他们从中学到那些成功人士的致富法宝。

从标题开始，让用户对他们的故事感到好奇，好奇是高阅读量的来源。一般运营者应该将这种标题取得尽量吸引人眼球、看起来有一种"速成法"的感觉。

现身说法标题模板有两种，一种为"_____是如何使我_____的。"

示例：

一个"傻瓜绝技"是如何使我成为营销大咖的。

一个简单的点子是如何使我成为销冠的。

另一种为"我是如何_____的"，这种模板的侧重点在于，最终是通过何种方式获得了成功。

示例：

在销售中我是如何从失败中奋起，进而走向成功的。

我是如何将西瓜视频变成我的个人财富平台的。

当然模板总归是模板，一旦使用的人多了就会使读者没有太多兴趣仔细阅读了。所以运营者们还是应该尽量发挥想象力，创造出属于自己的吸引人的标题，如图 10-7 所示。

图 10-7　励志式标题

**专家提醒**
夺眼球式标题也可以用数据来吸引人，特别适用于视频标题，如："月销 1000 万的某某产品"。不过这种标题现在被频繁使用，且本身重点还是要以产品自身的优势为主，所以尽量从分析用户心态、目的性的角度来设置夺眼球式标题。

### 2. 封面文案

制作一个精美的封面，是低成本大收益的获客方式，运营者可以参考平台上点击量高的视频封面，取其精华运用到自己的封面制作中。那么，设置封面文案有哪些具体的要求呢？下面，笔者就为运营者进行简单介绍。

运营者在设置视频封面时，封面中展示的文字不能过多，要简短、精练，能够概括视频内容的同时，也能让用户留下深刻印象，封面上显示的文字数量最好不要超过 20 个字。注意字体要够大、够美观，一般来说，字体大小不低于 24 号，文字居中排版。运营者可以将封面时长设置在 2 ～ 3 秒，足以让用户清楚视频内容又不会因久久等待正片而不耐烦。

## 10.3 标题文案，6 个雷区完美避开

运营者制作视频时首先要符合平台的相关规定，只有持续输出健康有价值的内容，才会被官方和用户所推崇。因此，笔者将在这节具体讲述创作标题文案的注意事项，提醒运营者避开这 5 个低质样式，制作优质视频内容。

## 10.3.1 夸张式标题，名不副实

各大视频平台中，以标题党来吸引用户眼球的内容不在少数，这种哗众取宠博眼球的方式即使能获得一两次的成功，但名不副实的内容往往会让人大失所望，最终也会被用户所唾弃。图 10-8 所示为夸张式标题。

西瓜视频：优化文案成为平台爆款

图 10-8　夸张式标题

夸张式标题的类型具体有以下几种。

（1）夸张感受，过度形容人的情绪或反应，如："疯了""傻了"等。

（2）夸张范围，过度描述区域、人数、数字等无法进行验证的范围，如："全宇宙仅此 ××""史上最 ××"等。

（3）夸张结果，过度夸大结果或效果，如："用了活到 100 岁"。

（4）夸张程度，过度形容人或事物达到的情况，如："笑掉大牙"。

## 10.3.2　悬念式标题，故弄玄虚

制造悬念本是无可厚非的，可以增加用户的好奇心，从而增加视频的点击率。但这里是指运营者撰写标题文案时，滥用转折词如："博士毕业后居然干这个？"，标题运用了转折词，但并没有对转折后的内容进行详细解释，这就属于刻意制造悬念。

在标题文案中故意隐瞒信息，人物、时间、事件、地点以及结果等要素表达不完整，只将话说一半也属于故作悬念，如"睡到半夜突然惊醒，原因竟是？"。图 10-9 所示为悬念式标题。

图 10-9　悬念式标题

上面列举的标题中，运营者滥用省略号来隐藏内容信息，属于故弄玄虚，诱导用户点击，这是不可取的方式。

### 10.3.3　强迫性标题，盛气凌人

强迫性标题是指采用带有挑衅、恐吓意味或强迫性建议的词句，强烈诱导用户点击视频进行观看。往往这类视频都会有强加于人的意味，给用户一种盛气凌人的感觉。当一个标题太过盛气凌人的时候，反而会让用户产生抗拒心理，从而降低视频的点击率，并影响运营者的影响力，这种做法是得不偿失的。图 10-10 所示为强迫性标题。

图 10-10　强迫性标题

## 10.3.4　标题过短，信息不全

标题太长时，就显得复杂啰唆，利用碎片时间刷视频的用户根本没有时间和心思去细看。而运营者设置的标题过短时，也无法完整地概括出视频的信息内容，一个毫无亮点的视频，又怎么会吸引用户的注意呢？图 10-11 所示为标题过短的视频。

图 10-11　标题过短的视频

## 10.3.5　无关内容，产生误解

标题与视频内容完全不相关，或标题与封面结合让用户产生误解的，都属于低质不合格的标题。有些运营者将以前的视频换个与热点相关的标题，以此骗取人气，这是一种让用户很反感的行为，如图 10-12 所示。

图 10-12　与视频内容无关的标题

### 10.3.6　常见错误，及时避免

西瓜视频的标题写作是有相应的格式规范的，运营者们在撰写标题的过程中，要避免以下 6 种格式错误，如图 10-13 所示。

图 10-13　标题格式常见的 6 种错误

## 10.4 封面图文，5 个方面提高质量

封面可以说是视频内容的重中之重，在很大程度上影响用户判断和选择。用户无法提前知晓视频里的具体内容，只能根据标题和封面进行大致了解，所以一个优质的封面，是吸引用户点击视频的一个重要前提。运营者要学习西瓜视频平台的准则，提升视频封面的质量，为用户带来更多眼前一亮的作品。

那么，怎样才算优质的封面呢？这一节，笔者将分析西瓜视频平台上 4 类低质视频封面，让运营者避开雷点，发布优质内容。

### 10.4.1　恶意边框，影响正常观看

小屏幕手机带来的视觉体验无法与电脑或电视相比，如果运营者再添加一些占屏大的边框，用户可以看到的内容更加少了。短视频不是设计大赛，运营者无需在视频中添加一些花里胡哨的边框，这样会影响正常观看的感受，会引

起用户的不满，造成视频质量的低下。图 10-14 所示为恶意添加边框的封面。

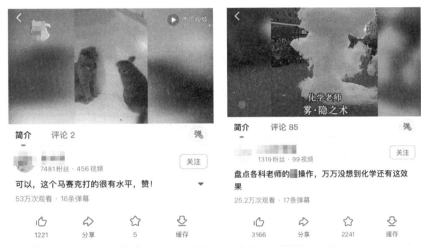

**图 10-14　恶意添加边框的封面**

## 10.4.2　录屏拍屏，视频内容粗糙

如果运营者直接用其他手机、电脑、平板等电子设备的屏幕来作为视频的封面，或画面上显示使用录屏软件的视频封面，往往会被用户认为是比较粗糙的视频。这类视频封面的点击量和评论量也很低，如图 10-15 所示。

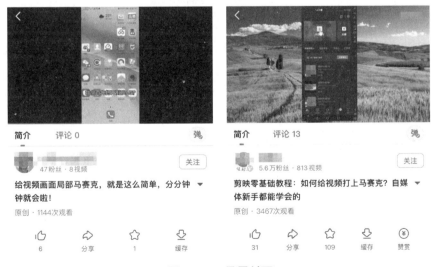

**图 10-15　录屏封面**

### 10.4.3　画质模糊，影响用户观感

运营者在上传视频时，保证视频拥有清晰的画质是最基本的要求，难以辨认的模糊画质会让用户产生反感情绪，并认为运营者的内容质量低下，从而不再关注运营者的动态。图10-16所示为画质模糊和画质清晰的封面对比。

图 10-16　封面画质对比

通过对比我们可以直观地看出，清晰画质的封面比模糊画质的封面能给用户带来更舒适的视觉感受。在数据方面的对比也很强烈，模糊画质的视频点击量寥寥无几，也没有一位用户进行评论。由此可见，封面画质的清晰程度会一定程度上影响视频的点击率和评论量，运营者要避开这个雷区。

### 10.4.4　水印夸张，忌过度马赛克

视频中涉及隐私的内容，在后期运营者可以添加马赛克进行遮挡，但是有些大面积使用马赛克的封面，就会影响用户正常观看视频，如图10-17所示。

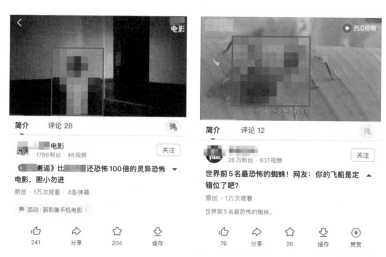

图 10-17　过度马赛克的封面

由上面列举的低质封面我们可以看到，夸张的马赛克严重影响了画面的美观程度。如果视频中涉及的隐私过多，必须要使用马赛克，那么运营者可以考虑换一个封面，以免影响观众的第一印象，从而降低视频点击率。

## 10.4.5　优化技巧，优质封面要点

通过前面列举的例子，相信运营者们对如何制作一个优质封面已经有了明确的框架，切忌触碰影响用户观感的雷区。笔者总结了一些常见领域优质封面的基本要点，具体如下。

（1）影视类

封面设计要有特色，将影片截图与名称用艺术字体完美融合，在封面上突出影片内容主题，和谐搭配画面色彩，截选画质清晰的片段，如图 10-18 所示。

图 10-18　影视类优质封面

（2）音乐类

封面直接展示歌名，主题突出，精心布置背景且设置了虚化效果，突出演奏乐器，配文颜色与画面融洽协调，色彩搭配协调，如图 10-19 所示。

图 10-19　音乐类优质封面

（3）美食类

封面元素丰富，将视频中介绍的产品展示在封面上，让用户一目了然。运营者将艺术字体和美食巧妙结合，封面美观精致，如图 10-20 所示。

图 10-20　美食类优质封面

（4）萌宠类

萌宠抠图，主题突出，配合可爱有趣的卡通设计，画面整体简洁大方，如图 10-21 所示。

👤 西瓜视频：优化文案成为平台爆款

图 10-21　萌宠类优质封面

## 10.5 封面美化，17 个优质内容素材

运营者的视频除了内容要精彩之外，样式也要足够好看。为了使短视频的内容展现形式更加直观和生动，运营者制作短视频的过程中，可以选用一些比较好看的字体和图片，但是大家常常会忽略自己所使用的素材的侵权问题。本节笔者将为大家介绍一些可以免费商用的字体库和图片素材网站。

### 10.5.1　封面字体，增加文案美观度

精彩的文案搭配上好看的字体，就是为视频封面锦上添花。那么，有哪些字体好看又可以免费试用呢？下面，笔者就给大家分享 3 个字库。

#### 1．方正字库

方正字库主要包括 4 种字体：方正黑体、方正书宋、方正仿宋以及方正楷体。使用"商业发布"这种方式免费，不过需先获得方正公司的正式书面授权书才可以进行商业发布。

### 2. 思源字体

思源黑体和思源宋体是 Adobe 与 Google 之间大量合作以及合作伙伴公司参与的成果，这些字体以开源许可证形式在 GitHub 上发布。

### 3. 站酷字库

站酷字库的免费字体主要有 7 种字体：站酷庆科黄油体、站酷文字体、站酷小薇 Logo 体、站酷酷黑体、站酷意大利体、站酷快乐体以及站酷高端黑体。

## 10.5.2　封面图片，提高画面优质度

运营者的视频封面除了可以从视频内容里直接截取之外，还可以导入事先制作好的图片或视频。那么，高清的封面素材哪里找？笔者在这里一次性给大家分享 13 个专业运营者都在用的高清素材网站。

### 1. Pexels

Pexels 网站拥有质量高清的素材库，运营者可以免费获取专业摄影作者分享的图片和视频，如图 10-22 所示。

图 10-22　Pexels 网站首页

👤 西瓜视频：优化文案成为平台爆款

### 2．Pixabay

Pixabay 网站拥有超过两百万张优质图片和视频，运营者可以免费获得正版高清素材，如图 10-23 所示。

图 10-23　Pixabay 网站首页

### 3．Pngimg

Pngimg 网站拥有 10 万多张素材图片，网站加载速度较快，运营者可以轻松根据分类寻找合适的素材，如图 10-24 所示。

图 10-24　Pngimg 网站首页

### 4. StockSnap

StockSnap 网站是由专业摄影师协会组建的，每周更新拥有高清质量的图片，运营者可以免费下载，如图 10-25 所示。

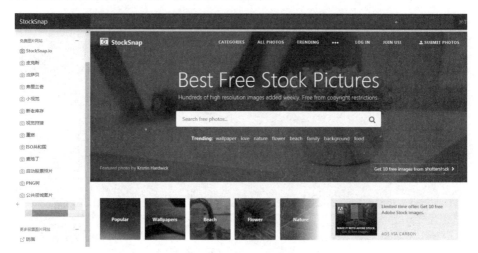

图 10-25　StockSnap 网站首页

### 5. Magdeleine

Magdeleine 网站每天免费提供一张高分辨率的照片，运营者可以通过颜色搜索相应图片，如图 10-26 所示。

图 10-26　Magdeleine 网站首页

### 6. Foodiesfeed

Foodiesfeed 是专门提供免费高清美食照片的网站，拥有海量食物图片，如图 10-27 所示。

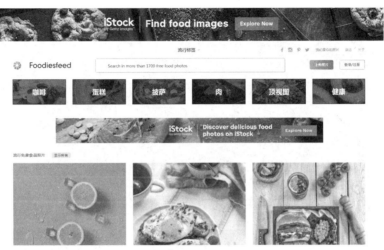

图 10-27　Foodiesfeed 网站首页

### 7. LifeOfPix

LifeOfPix 网站提供的免费素材主要以城市景观为主，大多都是建筑照片，如图 10-28 所示。

图 10-28　LifeOfPix 网站首页

## 8. Unsplash

Unsplash 网站拥有类型丰富的图片库，且图片质量非常高，运营者可按照类别选择相应素材，如图 10-29 所示。

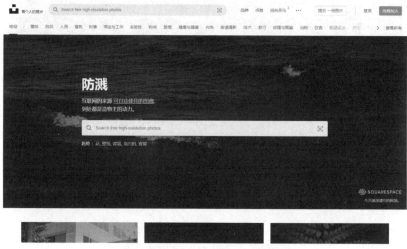

图 10-29　Unsplash 网站首页

## 9. Kaboompics

Kaboompics 网站提供的图片素材构图讲究，具有质感和设计感，运营者可在线剪裁图片大小，如图 10-30 所示。

图 10-30　Kaboompics 网站首页

## 10. VisualHunt

VisualHunt 网站拥有的图片数量众多，运营者可以通过菜单细分的类别进行图片搜索，如图 10-31 所示。

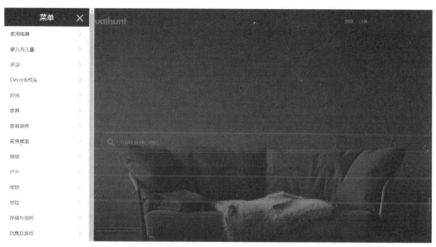

图 10-31　VisualHunt 网站首页

## 11. 花瓣

花瓣是国内较大的免费高清图片素材库，运营者可以在此收集种类丰富的设计素材，如图 10-32 所示。

图 10-32　花瓣网站首页

## 12. 千图网

千图网是国内较大的免费设计素材库，全站正版素材可以商用，每日免费提供 1 次下载机会，如图 10-33 所示。

图 10-33　千图网网站首页

## 13. 拍信创意

拍信创意是国内的高品质创意共享平台，运营者每天可以免费下载 1 张正版的商用图片，如图 10-34 所示。

图 10-34　拍信创意网站首页

## 10.6 作者权益，3 个服务激励创作

在西瓜视频的创作过程中，为了鼓励内容创作者创作出更多优质的视频内容，平台会给予他们很多权益和服务，进而帮助其更好地运营。本节笔者将从创作人权益、信用分和视频原创这 3 个方面来为大家介绍平台提供的权益和服务。

### 10.6.1 创作激励，创作的基本权益

西瓜视频的创作激励是平台为运营者提供的一系列权益和成长体系，具体包括了不同层级的创作人权益和信用分规则。图 10-35 所示为不同层级创作人权益的详细介绍。

**创作人权益**

- 创作人权益是西瓜视频平台提供给创作人的一系列独特功能，涉及创作、变现等多个方面。创作激励集中展示了权益的申请入口、申请条件、使用方法和使用规范，帮助创作人更高效地获得和使用权益。计划根据粉丝数将权益划分为4个层级：基础权益，千粉权益，万粉权益，五万粉权益。
- 基础权益：加入「创作激励」后，可开通「创作收益」、「视频原创」等权益。
- 千粉权益：随着粉丝增加，影响力提升，达到 1000 粉丝 后可申请「视频赞赏」。
- 万粉权益：粉丝数达到 10000 ，权益更加丰富多样。以往申请难度较大但创作人都十分渴求的功能都包含其中。「付费专栏」、「商品卡」，大大丰富了创作人变现途径。
- 五万粉权益：粉丝数达到 50000 ，创作人将被接入「VIP客服」服务，365天全年人工答疑；「创作社群」是平台搭建的官方创作人交流社群。加入后可抢先了解平台动态，获得在线运营指导、与同领域创作人零距离交流。

**图 10-35　不同层级创作人权益的详细介绍**

信用分是衡量视频内容健康程度和规范程度的分值，满分和初始分都是 100 分。如果运营者的视频内容违反了平台规则，则会扣除相应的信用分。信用分会影响权益的申请和使用，因此运营者要遵守平台的规范和规则。

### 10.6.2 保证信用，申诉的具体方法

创作激励包含的内容还有信用分，信用分和创作人权益息息相关。当运营者违反平台规定而被扣除信用分时，可以进行申诉。运营者首先要将西瓜视频 App 更新至最新版本，具体的申诉途径如下。

**步骤01** 打开西瓜视频移动客户端，进入"我的"界面，选择"创作中心"选项，如图10-36所示。

**步骤02** 进入"创作中心"界面，选择"创作激励"选项，如图10-37所示。

图10-36 选择"创作中心"选项 　　图10-37 选择"创作激励"选项

**步骤03** 进入"创作权益"界面，选择"信用分"选项，如图10-38所示。

**步骤04** 图10-39所示为信用分满分账号。运营者进入"信用分"界面，可以查找到相关的扣分记录，并进行申诉。

图10-38 选择"信用分"选项 　　图10-39 信用分满分账号

👤 西瓜视频：优化文案成为平台爆款

📓 **专家提醒** ZhuanJiaTiXing

信用分被扣除时会有消息通知，运营者可以找到相关扣分记录进行申诉。

### 10.6.3 视频原创，平台的版权保护

"视频原创"权益可以让运营者获得更多的流量推荐和收益，并享受原创保护。那么，什么样的视频作品才算原创呢？图10-40所示为原创视频的标准。

### 什么是原创视频

- 个人实拍类作品
  - 真人出镜拍摄的视频作品
  - 非真人出镜但结合视频内容、视频特征和账号信息可以判断视频内容为个人实拍类作品
- 二次剪辑创作类作品
  - 在原视频素材基础上，二次创作成为一个丰富、有信息量、有自己编辑思路、有独创性的新视频作品
  - 二次创作形式包括但不限于体现自己想法和思考的解说点评、剪辑制作、特效包装、音频处理等
- 更多原创审核问题可以观看该西瓜大学的原创视频课程

**图 10-40　原创视频的标准**

以下这些情况的视频作品会被平台判定为违规原创，如图10-41所示。

违规原创的类型
- 视频内容没有获得授权证明
- 视频在平台有更早的发布者
- 视频文案有更早的发布者
- 视频内容非本人拍摄或加工
- 视频二次原创的程度非常低
- 分发不同账号并都勾选原创

**图 10-41　违规原创的类型**

当运营者收到平台发送的滥用视频原创通知时，可以通过提交原创证明材料进行申诉，平台工作人员会进行复审。

申诉材料一共有3种类型，分别是版权授权证明、视频原创证明以及视频文本创作证明，具体内容如图10-42所示。

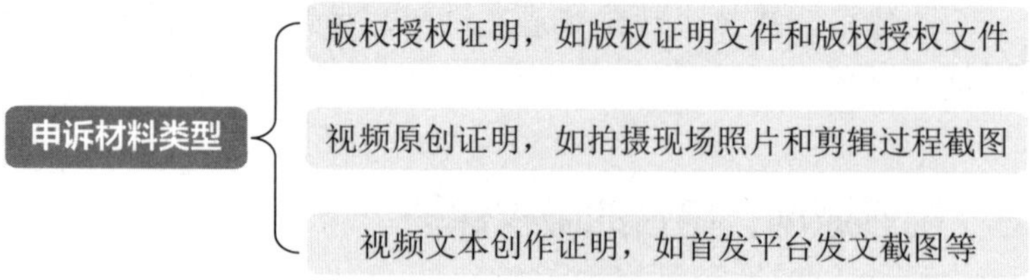

**图 10-42　申诉材料类型**

申诉提交后，工作人员会在 5 个工作日内完成复核。在进行申诉时，运营者还需注意以下两方面事项：

（1）相同滥用原创的惩罚，仅能提交 1 次申诉；

（2）滥用原创惩罚具有一定的申诉时效，超时无法进行申诉。